Die schönsten Geschichten aus dem Holunderweg

Martina Baumbach wurde 1969 in München geboren. Dort lebt sie mit ihrer Familie auch heute. Für ihren ersten Kinderroman bekam sie das Literaturstipendium der Stadt München, für »Und Papa seh ich am Wochenende« wurde sie mit dem Ulmer Bilderbuchspatz ausgezeichnet. Mehr unter: **www.martinabaumbach.de**

Verena Körting ist in Köln geboren und aufgewachsen. Sie studierte Visuelle Kommunikation an der Fachhochschule Düsseldorf, zog danach für einige Jahre nach Hamburg und arbeitete dort als Grafikdesignerin. Doch da sie viel lieber zeichnet und Geschichten erzählt, begann sie 2010 Kinderbücher zu illustrieren. Sie lebt und arbeitet in Köln. **www.verena-koerting.de**

Die Holunderweg-Reihe bei Gabriel:

Frühling im Holunderweg

Sommer im Holunderweg

Herbst im Holunderweg

Advent im Holunderweg

Weihnachten im Holunderweg

Ferienzeit im Holunderweg

Mehr über unsere Bücher, Autor*innen und Illustrator*innen auf:
www.gabriel-verlag.de

Martina Baumbach

Die schönsten Geschichten aus dem Holunderweg

Mit farbigen Bildern
von Verena Körting

Gabriel

Inhalt

Willkommen im Holunderweg

Ist das nicht ein ungeheures Glück? Ida, Lennart, Malte, Ella und Bruno sind allerbeste Freunde und sie wohnen alle zusammen in derselben Stadt, in derselben Straße, im selben Haus: im Holunderweg 7. Sie können sich keinen schöneren Ort vorstellen. Wo sonst passieren jeden Tag so tolle Sachen? Zusammen haben sie immer eine Menge Spaß und die besten Ideen.

Das Haus hat drei Etagen und auf jeder Etage zwei Wohnungen. Im Erdgeschoss links wohnen die Rosenbaums, so heißt Idas und Lennarts Familie, im ersten Stock rechts wohnen die Sonntags, das ist Maltes und Ellas Familie und oben unterm Dach wohnen die Carduccis, Brunos Familie. Dann sind da noch die Kleinen: Lilly (Idas und Lennarts kleine Schwester), Anna-Baby (Brunos kleine Schwester) und Klein-Olli (Frau Süßmilchs niedlicher Spatz). Die können manchmal ziemlich nerven – wie das mit kleinen Kindern eben so ist –, aber allermeistens sind es die süßesten Schätze der Welt. Aber das müssen ihnen Ida, Lennart, Malte, Ella und Bruno ja nicht unbedingt auf die Nase binden, sonst hätten sie vermutlich keine Minute mehr Ruhe vor ihnen.

Zu guter Letzt gibt es noch zwei Erwachsene ohne Kinder im Haus: Herr Schlussnuss, der am liebsten alles verbieten würde, was Spaß macht, und Herr Kuse, der allernetteste Hausmeister der Welt.

Natürlich leben auch Tiere im Holunderweg 7, nämlich Mümmel und Krümel, Brunos Kaninchen, und Mimi und Püppi, die gut erzogenen Katzen von Herrn Schlussnuss.

Im Holunderweg ist es wirklich schön, weshalb Ida, Lennart, Malte, Ella und Bruno auch für immer und ewig hier wohnen bleiben wollen – das haben sie sich geschworen! Denn was kann einem Besseres auf der Welt passieren?

Eine zottelige Verwechslung (oder als Malte einmal doch nicht Malte ist)

»Im Frühling hab ich einfach mehr Bock«, sagt Lennart und stopft sich das ganze Frühstücksei auf einmal in den Mund. »Aupf allesch.«

»Lennart!«, schimpft Mama, weil sie es nicht mag, wenn er solche Wörter sagt, und so schlingen soll er sein Frühstück auch nicht. Aber im nächsten Moment ist sie schon wieder abgelenkt und ganz bei dem schönen Blumenstrauß in ihrer Hand.

»Gefällt er dir?«, fragt Papa und gibt Mama den mindestens zwölften Kuss heute Morgen.

»Iiieh!«, quiekt Lilly – auch zum mindestens zwölften Mal heute – und wischt schnell Mamas Wange trocken.

Lennart kichert los, wobei ihm das Ei fast wieder aus dem Mund fällt. Aber Jungs müssen einfach kichern, wenn es ums Küssen geht. Von ganz allein, da können sie nichts dagegen machen.

»Valentinstag«, stöhnt Ida, denn das ist der Grund für die ganze Küsserei heute.

Papa nickt und erklärt, dass er seiner Liebsten – womit er

Mama meint – Blumen schenkt, damit sie weiß, wie lieb er sie hat.

»Valentinstag ist doof«, brummt Lilly und verdreht die Augen. So ein Riesentheater, wo es doch sowieso klar wie Kloßbrühe ist, dass Mama und Papa sich lieb haben.

»Und die sind für meine drei *Aller*-Liebsten«, sagt Papa zwinkernd und zaubert drei Schokoladenherzen in rotem Glitzerpapier hinter seinem Rücken hervor und legt sie vor Ida, Lilly und Lennart auf den Tisch.

»Na gut«, kräht Lilly. »Valentinstag ist nur ein kleines bisschen doof.« In Windeseile hat sie die Schokolade aus dem roten Glitzerpapier gewickelt und in ihren Mund gesteckt.

Eine Etage höher, bei Familie Sonntag, gibt es heute Morgen auch Blumen und Küsserei. Und wo sich alle gerade so lieb haben, hält Malte das für eine gute Gelegenheit, mit seinem Wunsch rauszurücken.

»Am Wochenende ist Faschingsball in der Turnhalle … da gehen alle hin«, sagt er zur Einleitung, damit Mama erkennt, wie dringend die Sache ist.

»Wie schön«, sagt Maltes Mama und nimmt einen Schluck aus ihrer Kaffeetasse.

»Ja schon, aber ich brauch unbedingt noch ein Kostüm«, erklärt Malte. »Am besten … das coole Yeti-Kostüm aus Artjoms und Olgas Laden.« Jetzt ist es raus.

»So so, am besten«, wiederholt Papa grinsend, während er Schulbrote für Malte und Ella macht.

Malte nickt. Seit das Yeti-Kostüm im Schaufenster hängt, weiß er: Das ist *es*! Nur was, wenn sie jetzt Nein sagen? So viel

Geld bekommt er bis zum Wochenende nie zusammen, um es sich selbst zu kaufen.

»Wir haben doch so viele Kostüme«, sagt Mama, und fast sieht es so aus, als würde sie den Kopf schütteln und alles wäre verloren.

»Die sind längst zu klein und ich kann mich doch nicht jedes Jahr gleich verkleiden«, versucht Malte es weiter. »Außerdem hat das Yeti-Kostüm sogar eine Maske dabei.«

»Ich könnte dir ein Yeti-Kostüm aus einer alten Decke nähen«, schlägt Mama vor. Was normalerweise keine schlechte Idee wäre, weil sie wirklich toll nähen kann.

»Mama, bitte! Das ist nicht dasselbe«, jault Malte auf.

»Also ich brauch kein Kostüm«, springt ihm Ella zur Seite, schließlich soll ihr kleiner Bruder auch was vom Liebhaben am Valentinstag haben. »Dann müsst ihr nur einmal Geld ausgeben.«

»Gehst du nicht zum Fasching?«, fragt Malte erschrocken, denn am Ende ist Fasching längst Babykram.

»Natürlich geh ich hin!«, lacht Ella und tippt sich an die Stirn. »Aber Ida und ich verkleiden uns als Zombies. Wir wollen Löcher in alte Sachen schneiden, die wir nicht mehr anziehen, und uns gruselig schminken.«

»Zombies«, sagt Mama und sieht Papa schulterzuckend an. »Na, dann.«

So ist Malte tatsächlich nach der Schule und nach Mamas Arbeit zu dem absolut weltbesten und

coolsten Yeti-Kostüm gekommen. Klar, dass Malte es nun jede freie Minute trägt. Denn wie soll man es bitte schön mit einem nagelneuen Yeti-Kostüm aushalten, wenn man noch eine halbe Ewigkeit auf Fasching warten muss?

»Kannst du das Ding nicht mal absetzen?«, seufzt Maltes Mama und meint die Yeti-Maske. »Ich weiß ja schon nicht mehr, wie du wirklich aussiehst.«

Aber dann ist endlich Sonntag und endlich Faschingsball. Geschminkt und in Kostümen machen sie sich auf den Weg: Malte, Ida, Ella, Lennart, Bruno, und Lilly natürlich. Als Maltes Mama Nina Süßmilch gefragt hat, ob sie mit Klein-Olli auch mitkommen will, hat Klein-Olli gleich gekräht: »Olli mit … Olli mit!«, obwohl der kleine Spatz ja noch gar nicht weiß, was Fasching überhaupt ist. Weshalb er sich vermutlich auch wundert, warum er heute als Marienkäfer verkleidet ist.

Lennart hat das witzigste Kostüm und er hat es tatsächlich bis zum Schluss geheim gehalten. »Ich bin Rotkäppchen«, säuselt er, geschminkt wie Barbie. Auf seinem Kopf hat er eine rote Mütze, aus der rechts und links zwei dicke gelbe Wollzöpfe heraushängen, die seine Haare sein sollen.

»Drum hast du dir mein rotes Kleid geborgt«, kichert Ida, die unter ihrer Zombieschminke gar nicht mehr wie Ida aussieht.

»Ich bin Supermann«, sagt Bruno und trommelt sich mit den Fäusten auf die Brust. »Gebt mir Bescheid, wenn ich die Welt retten soll.« Sein Kostüm ist so muskelbepackt, dass er kaum seine Jacke darüberziehen konnte.

»Du kannst Rotkäppchen vor dem bösen Wolf retten«, meint Ella.

»Und mich auch«, posaunt Lilly, die mit ihrem rosa Prinzessinnenkleid schon die ganze Zeit wie ein Flummi um alle herumhüpft.

Vor dem Haus treffen sie Herrn Kuse, den Hausmeister, der zweimal hingucken muss, bevor er sie erkennt.

»Donnerwetter, da ist ja einer von euch schöner als der andere!«, sagt er anerkennend. Obwohl er nur die Hälfte der Kostüme sieht, weil sie ja wegen der Kälte Jacken und Mützen drüber haben. Also außer Malte, der als Yeti sowieso schon ein warmes Fell hat.

»Wir sind nicht schön!«, empört sich Ida.

»Genau, wir sind nämlich Zombies!«, schnaubt Ella und verzieht zähnefletschend das Gesicht.

»Oh ja, Hilfe!«, ruft Herr Kuse lachend. »Ihr seid natürlich schrecklich schaurig.«

»Wir gehen zum Faschingsball«, erklärt Bruno, für den Fall, dass Herr Kuse sich mit Fasching nicht so auskennt, weil er ja keine kleinen Kinder hat.

»Na, dann wünsch ich euch viel Spaß! Haut ordentlich auf die Pauke«, sagt er und winkt lächelnd dem kleinen Faschingszug hinterher, der den Holunderweg entlangmarschiert. Ein zotteliger Yeti, ein süßes Rotkäppchen, ein muskelbepackter Supermann, zwei gruselige Zombies, eine rosa Prinzessin und ein kleiner putziger Marienkäfer.

Warum Erwachsene allerdings beim Verkleiden immer nur so tun als ob, ist schon seltsam. Maltes Mama hat sich zwei Zöpfe geflochten und Sommersprossen ins Gesicht gemalt, wodurch jeder erkennen soll, dass sie Pippi Langstrumpf ist. Obwohl sie sonst ihre ganz normalen Sachen anhat. Nina Süßmilch ist Klein-Ollis Marienkäfermama, mit schwarzen Punkten im Gesicht und einem Haarreifen mit Fühlern auf dem Kopf. Und Herr Rosenbaum, Idas, Lennarts und Lillys Papa, geht als Drache, wofür er sich auf die Kapuze seines Pullis grüne Zacken genäht hat. Aber manche Erwachsenen verkleiden sich ja überhaupt nicht und im Vergleich dazu haben sich die drei schon ziemlich Mühe gegeben.

Die Faschingsparty ist schon in vollem Gang und ihnen tönt laute Musik und fröhliches Geschnatter entgegen. Die Turnhalle ist über und über mit Girlanden, Luftschlangen und Luftballons dekoriert und rappelvoll mit verkleideten Kindern. Pistolen sind zum Glück verboten, sonst wäre man ja die meiste Zeit halb taub von der Ballerei.

»Dort ist Bini!«, ruft Ella.

»Und Finn«, sagt Lennart. Sie winken ihnen. Die meisten erkennt man trotz der Verkleidung sofort.

»Guckt mal, Sammy und Frau Walz!« Malte zeigt auf ihre Fechttrainer, die beide als Piraten an der Bar stehen und Krapfen, Kaffee und Limo verkaufen.

»Krapfenwettessen!«, brüllt Bruno und will schon hindüsen.

»Zuerst Klopapiermumienwickeln!«, ruft Ida aufgedreht. »Dort, es fängt gleich an!«

»Okay, ich nehm Lilly«, sagt Lennart und schnappt Lilly an der Hand.

»Beschiss!«, schimpft Bruno. »Mit Lilly musst du viel weniger wickeln als wir.«

»Du bist ja nur neidisch, weil du nicht auf die Idee gekommen bist!«, antwortet Lennart, während er seine beiden Wollzöpfe hinter dem Kopf zusammenknotet, damit sie ihn beim Wickeln nicht stören. Dann stellt er sich mit Lilly in Position.

»Von wegen«, plärrt Bruno. »Dann hol ich mir Klein-Olli!«

Aber da kommt schon das Startsignal und Bruno muss doch Malte nehmen. Was eigentlich sowieso das Beste ist, weil Klein-Olli bestimmt viel mehr gezappelt hätte. So wie Lilly gerade, weshalb dem armen Lennart auch andauernd das Klopapier reißt und er von vorne anfangen muss.

Während sich die Jungs noch gegenseitig aufziehen, fangen Ida und Ella einfach in Ruhe an und wickeln los. Und weil Ella eine vorbildliche Mumie ist und Ida eine vorbildliche Mumienwicklerin, sind sie am Ende als Erste fertig und gewinnen. Zwei Buntstiftsets in einem schönen durchsichtigen Mäppchen. Nur leider steht »Überreicht von deiner Stadtbank« darauf.

»Ohne Lilly hätte ich gewonnen«, brummt Lennart, der ziemlich sauer auf sich und seine blöde Idee ist, Lilly auszuwählen. »Außerdem habt ihr bestimmt vorher geübt!«

»Pfff, wer übt denn Klopapiermumienwickeln?«, fragt Ella und schüttelt kichernd den Kopf.

Da merkt Lennart, wie still Lilly geworden ist und mit dicker Schmolllippe angestrengt versucht, nicht zu weinen.

»Lilly, das hab ich nicht so gemeint«, sagt er und umarmt sie. »Ist mir total egal, dass wir nicht gewonnen haben.«

Lilly schnieft. »Aber ich gewinne doch so gern«, sagt sie dann. Und weil man es nicht mitansehen kann, dass Lilly so traurig ist, machen sie als Nächstes bei *Reise nach Jerusalem* mit – Lillys absolutes Lieblingsspiel. Kein Wunder, sie ist so blitzschnell und wuselig, dass sie fast immer einen freien Stuhl bekommt.

Klein-Olli hockt währenddessen mit riesengroßen Augen auf Nina Süßmilchs Schultern und weiß gar nicht, wohin er zuerst gucken soll. Schließlich ist es sein erster Faschingsball. Wie soll man sich da bei so einem wilden Durcheinander auskennen?

So geht es auch Maltes Mama. »Habt ihr Malte gesehen?«, fragt sie auf einmal und guckt nervös umher.

»Ja, dort«, sagen Bruno und Lennart einstimmig. Wobei aber Bruno nach rechts zeigt und Lennart nach links.

Maltes Mama legt den Kopf schief. »Ihr verkohlt mich doch«, sagt sie.

Aber bevor Bruno und Lennart beteuern können, dass das ganz sicher die Wahrheit ist, huscht ein zotteliger Yeti an ihnen vorbei.

»Malte, da bist du ja!«, ruft Maltes Mama, doch Malte tut, als würde er in dem Tumult nichts hören.

»Malte!«, ruft Maltes Mama noch mal und erwischt ihn am Ärmel des Yeti-Kostüms. »Warte doch!«

Doch Malte scheint kein bisschen Lust darauf zu haben, zu warten, und drängt weiter.

»Himmel, nun bleib doch mal hier!«, schimpft Maltes Mama.

Zögernd kommt Malte zurück, sagt aber keinen Mucks.

»Was soll denn das?«, fragt Maltes Mama mit diesem ganz bestimmten Ton, den sie hat, wenn sie genervt ist. »Nimm endlich die Maske ab und rede mit mir!«

Langsam hebt Malte zuerst die eine Zottelpfote und dann die andere und zieht die Yeti-Maske vom Kopf. Tja, und was soll man sagen? Darunter kommt ganz und gar nicht Malte zum Vorschein, sondern ein Junge, der nicht mal ein klitzekleines bisschen wie Malte aussieht.

»Aber …!«, stammelt Maltes Mama. »Wer …?«

Grinsend guckt sie der Junge an. »Sie müssen mich verwechseln.«

»Ja …«, sagt Maltes Mama völlig baff. »Ist mir das peinlich! Hoffentlich hab ich dir keine Angst gemacht. Magst du als Entschuldigung einen Krapfen oder eine Limo oder …«

»Nee, nee, schon gut. Ich muss wieder los«, sagt der falsche Malte fröhlich und schlängelt sich durch die Menge davon.

»Eine Verwechslung«, murmelt Maltes Mama fassungslos und sieht ihm nach. »Wie peinlich!« Da zupft es plötzlich an ihrem Pulli und der nächste zottelige Yeti steht vor ihr.

»Zu mir kannst du ruhig auch mal so höflich sein«, dringt es unter der Yeti-Maske hervor. »Und eine Limo darfst du mir auch spendieren.«

»Malte?«, fragt Maltes Mama vorsichtig.

Kichernd nimmt der Yeti seine Maske vom Kopf und darunter taucht tatsächlich mit verschwitzten zerzausten Haaren der echte Malte auf.

»Einverstanden«, sagt Maltes Mama lachend. »In diesem Fall spendiere ich Limo für alle!«

»Und ich spendiere die Krapfen dazu«, sagt Idas, Lennarts und Lillys Papa. »Und dann will ich das wildeste Krapfenwettessen sehen, das es je gegeben hat.«

Das bekommt er dann auch zu sehen und danach fängt die Faschingsfeier erst richtig an.

»Polonaise!«, ruft Nina Süßmilch mit Klein-Olli auf ihren Schultern und alle stürmen auf die Tanzfläche.

Lennart will einen Osterwunschzettel schreiben und Opa platzt fast beim Eierausblasen

Das Schönste im Frühling ist natürlich, dass alles wieder grün ist und blüht und die Sonne öfter scheint. Aber fast noch schöner ist, dass Ostern vor der Tür steht. Zu Ostern gehören nämlich so viele tolle Dinge, dass man gar nicht weiß, wo man überhaupt anfangen soll. Da ist es ein großes Glück, dass ab heute Osterferien sind, sonst hätte man ja vor lauter Schule viel zu wenig Zeit dafür.

Weil Eltern leider trotz Schulferien manchmal arbeiten müssen, sind heute Oma und Opa gekommen, um mit Lilly, Ida und Lennart Osterlämmer zu backen und Eier zu färben.

»Wir müssen endlich mit den Ostervorbereitungen anfangen«, erklärt Lennart wichtig. Was ausgerechnet aus seinem Mund, wo er doch meistens mit allem zu spät ist, wirklich sehr witzig klingt. »Ob ich am besten schon mal einen Wunschzettel schreibe?«

»Du meinst, so wie zu Weihnachten?«, fragt Ida kichernd, während sie unter Omas Augen die Zutaten für den Teig in die Rührschüssel schüttet. »Du hast vielleicht Ideen.«

»Ach, du liebes bisschen«, sagt Oma und wischt sich die Hände an ihrer Schürze ab. »Und was soll auf dem Wunschzettel draufstehen? Rote Eier, grüne Eier, blaue Eier?«

»Ich brauch unbedingt einen Tacho für mein Fahrrad«, sagt Lennart, dann zuckt er grinsend mit den Schultern. »Woher soll der Osterhase das sonst wissen?«

»Ich wünsch mir Schokolade und eine rosa Glitzerhaarbürste für mein Einhorn«, erklärt Lilly. Sie hat wie Oma eine Schürze an und aus der Bauchtasche guckt, als wäre es ein Känguru-baby, das Einhorn heraus.

»Bei uns gab es früher höchstens mal eine Strumpfhose zum Osternest dazu«, erzählt Oma. »Und die hat dann auch noch furchtbar gekratzt.«

»Ich will lieber keine Strumpfhose«, sagt Lilly und schüttelt entschlossen den Kopf.

»Weißt du was?«, sagt Ida zu Lilly. »Wir schreiben zur Vorsicht einen Oster-Nicht-Wunschzettel.« Dann schaltet sie das Rührgerät an und zusammen, mit ihrer Hand über Lillys Hand, rühren sie den Teig.

»Wo bleiben denn die Eier?«, fragt Oma, nachdem Butter und Zucker schon schön schaumig sind.

Opa hat nämlich vorhin damit geprahlt, dass er die Eier in drei Sekunden ausblasen wird. »Pillepalle«, hat er gemeint und sich den ganzen Eierkarton geschnappt. Jetzt steht er schnaubend und mit hochroten dicken Backen über einen Becher voller Eiweiß und Eigelb gebeugt und sieht aus, als würde er gleich platzen.

»Nur noch eins«, keucht er. »Aber es will einfach nicht.«

»Vielleicht hat es ja Angst vor dir«, meint Ida. »Lass mich mal.«

»Nee, das ist Männersache!«, plärrt Lennart, schnappt sich das Ei, holt tief Luft und pustet, so fest er kann, bis der Eiglibber mit einem leisen Pupsgeräusch aus dem kleinen Loch in der Schale zu den anderen in den Becher flutscht. Nur leider drückt Lennart dann vor lauter Kraft das Ei kaputt.

Dann darf Lennart weiterrühren und da hätte er mal lieber auch eine Schürze angezogen, denn als er einen Moment nicht aufpasst, flutscht der Teig über den Schüsselrand und eine ordentliche Portion landet mitten auf seinem Pulli. Was ihn aber nicht besonders kümmert.

»Aus der Bahn«, übertönt Lennart das Rührgerät. »Sonst bekommt ihr auch was ab.«

Oma seufzt. »Wenn du so weitermachst, haben wir am Ende keinen Teig mehr für die Lämmchen.«

»Ich will aber Lämmchen!«, kräht Lilly und sieht Lennart böse an, damit er weiß, dass er besser aufpassen soll.

Am Ende reicht der Teig dann genau für drei Lämmchen. Eins für Lilly, eins für Lennart und eins für Ida. Als die Backformen im Ofen sind, laufen Ida und Lennart schnell in den Schreibwarenladen zu Olga und Artjom, um Eierfarben zu holen.

»Ich passe solange auf die Lämmchen auf«, verspricht Lilly, während sie die Rührhaken abschleckt. »Die Armen müssen die ganze Zeit auf dem Kopf stehen.«

Und das müssen sie tatsächlich, was jeder weiß, der schon mal Lämmchen gebacken hat. Sonst würde ja der ganze Teig aus den Backformen einfach wieder herauslaufen.

Ida und Lennart sehen schon von Weitem, wie Olga im Schaufenster des kleinen Schreibwarenladens kniet und es neu dekoriert. Es sieht wie eine bunte Frühlingswiese aus, auf der Ostereier und kleine Häschen verstreut sind. Das Gras und die

Blumen sind zwar aus Plastik, aber wie soll man bitte schön eine echte Wiese in ein Schaufenster bekommen?

Lennart schiebt die Ladentür auf. »Hallihallo!«, begrüßt er Artjom und Olga.

»Olga, sieh an, wir bekommen Besuch von unseren Lieblingskunden«, sagt Artjom.

»Hallo, wir wollen bitte Eierfarben«, sagt Ida und lässt den Blick im Laden umherschweifen. Sie kann sich an den vielen schönen Sachen, für die sie regelmäßig fast ihr ganzes Taschengeld ausgibt, immer gar nicht sattsehen.

Olga klettert aus dem Schaufenster. »Eierfarben haben wir hier«, sagt sie und führt Ida und Lennart zu einem Regal, in dem eine Menge kleiner Päckchen und Schachteln und Tütchen ordentlich sortiert vor ihnen liegt. »Wir haben Glitzerfarben, Pastellfarben, Eiermalstifte, Färbefolien, Färbetabletten …«

»Also Lilly will bestimmt Glitzerfarben«, meint Ida. »Und ich nehme … die Eiermalstifte.«

»Puuh«, seufzt Lennart verzweifelt. Er hat inzwischen von allen eine Packung in den Händen und kann sich nicht entscheiden.

»Na, wart ihr schon auf dem Frühlingsfest?«, fragt Artjom und deutet auf ein Plakat an der Ladentür, auf dem »Großes Frühlingsfest« steht.

»Ein Frühlingsfest?«, fragt Lennart aufgedreht. »Wann … wo … was … wie?«

»Na, auf dem Festplatz beim Freibad«, sagt Olga.

»Da müssen wir hin«, brüllt Lennart und hüpft wie verrückt umher.

Als Ida ihn kopfschüttelnd ansieht, sagt Lennart: »Auf so eine Information muss man angemessen reagieren.« Was stimmt, denn so ein Fest bekommt man schließlich nicht alle Tage geboten.

»Wir gehen alle hin«, sagt Ida. Sie hat Ella zwar noch nicht gefragt, aber das lässt sie sich bestimmt nicht entgehen. Und Bruno und Malte auch nicht.

Lennart nickt. »Vielleicht gehen wir sogar zweimal hin!« Aber das sagt er nur, weil in diesem Moment Merian aus der Vierten in den Laden kommt und der soll das ruhig denken.

»Ihr seid ja richtig in Feierlaune«, gluckst Olga.

»Kein Wunder, bei all dem Frühling rundherum«, erklärt Ida.

Dann hat auch Lennart seine Eierfarben ausgesucht. »Ich nehme die Färbetabletten«, sagt er. »Das ist babyleicht und geht von allein.«

Ida grinst, weil das mal wieder typisch Lennart ist.

Artjom tippt alles in die Kasse ein. »Acht Euro neunzig, bitte«, sagt er.

»Für Ostern kann man sich das schon mal leisten«, meint Lennart großspurig und legt den Zehneuroschein, den ihnen Oma und Opa dafür extra mitgegeben haben, auf den Ladentisch.

»Großkunden bekommen von uns natürlich ein kleines Ostergeschenk«, sagt Olga und holt ein Körbchen mit grünem Ostergras unter dem Ladentisch hervor, das randvoll mit Eiern ist. Das Seltsame ist, dass alle rot sind und kein einziges in einer anderen Farbe dabei ist.

»Danke«, sagt Ida. »Aber wieso sind die denn alle rot?«

»Das ist in unserer Heimat so«, erklärt Olga und lacht, als sie Idas und Lennarts verblüfftes Gesicht sieht.

Artjom nickt. »In Russland ist nur ein rot gefärbtes Ei ein echtes Osterei.«

Ida mag Rot, aber sie findet es trotzdem schöner, wenn man zu Ostern bunte Ostereier hat. Was sie aber nicht sagt, weil das ziemlich unhöflich wäre.

»Eigentlich auch praktisch«, meint sie stattdessen. »Wenn alle Eier die gleiche Farbe haben, muss man nicht lange überlegen, welches man will.«

Beim Hinausgehen zeigt Lennart noch mal auf das Plakat mit dem Frühlingsfest.

»Das wird cool«, sagt er. »Ich fahr mindestens zehn Mal Autoskooter.«

»Ich will Wilde Maus fahren«, sagt Ida. »Mit Ella.«

»Wilde Maus, das traut ihr euch nie!«, posaunt Lennart laut.

»Wetten?«, meint Ida.

Zu Hause haben Ida und Lennart Bruno, Malte und Ella gleich

vom Frühlingsfest erzählt. Alle finden, dass das eine richtig gute Idee ist, und sie wollen unbedingt nachmittags zusammen hingehen. Nachmittags, weil dann die meisten Eltern von der Arbeit kommen. Und, weil Lilly, Ida und Lennart ja erst noch mit Oma und Opa Eier färben wollen und die gebackenen Lämmchen müssen schließlich auch noch mit Puderzucker bestäubt werden.

Oma Rosenbaum hat in der Zwischenzeit schon Eier gekocht. »Ihr könnt gleich loslegen«, sagt sie und zeigt auf einen Topf voller Eier.

»Die weißen sind am besten, da leuchten die Farben so schön«, meint Ida. Sie breitet ihre Eiermalstifte auf dem Küchentisch aus, nimmt sich ein Ei und fängt voller Konzentration an zu malen. Denn jeder, der schon mal Eier bemalt hat, weiß, wie schwierig das ist. Zum einen hat man kaum Platz auf so einem kleinen Ei und zum anderen kann die Schale, wenn man zu fest drückt, schneller zerbrechen als man Rührei sagen kann. »Halt!«, ruft Opa da plötzlich und meint Lennart damit.

Lennart wollte nämlich eben alle Farbtabletten auf einmal zu den Eiern in den Topf werfen.

»Na, so was«, sagt Opa kopfschüttelnd. »Du brauchst doch für jede Farbe eine extra Tasse.«

»Aber ich will bunte Eier«, jault Lennart.

»Aber nicht so«, lacht Oma. »Das gäbe bloß eine braune Brühe.«

Und weil das Eierfärben vielleicht doch nicht ganz so einfach ist, wie Lennart sich das vorgestellt hat, hilft Opa ihm jetzt. Obwohl es ewig lang her sein muss, seit Opa das zuletzt gemacht hat.

»Zuerst die Tablette«, liest Opa von der Verpackung ab. »Dann einen Esslöffel Essig, 250 Milliliter Wasser und das noch warme Ei langsam ins Farbbad gleiten lassen …«

Als in jeder Tasse ein Ei im Farbbad versunken liegt, ein rotes, ein gelbes, ein blaues, ein grünes und ein orangefarbenes, sitzt Lennart zufrieden mit verschränkten Armen davor. »So gefällt mir Ostereierfärben«, sagt er grinsend. »Wenn man nur warten muss.«

»Also ich mal lieber«, sagt Ida. Sie zeigt stolz ihr Ei, auf dem ein wunderschöner Schmetterling flattert, und nimmt sich gleich das nächste.

Nur Lilly ist inzwischen auf Omas Schoß eingeschlafen. Denn so viel Lämmchenaufpassen macht ganz schön müde, das kann man sich ja vorstellen. Die Glitzerfarben hat sie solange sicher in der Schürzentasche zusammen mit dem Einhorn verstaut.

Als alle zum Osterfeuer gehen, im Hof Osternester suchen und Herr Schlussnuss Besuch vom Osterhasen bekommt

Dann ist endlich Ostern und mitten in der Nacht, als normalerweise noch alle schlafen (also außer Bäckern und Krankenschwestern und ein paar anderen Menschen), steht auf einmal Mama an Ellas Bett und rüttelt sie sanft.

»Ella-Mäuschen, aufstehen«, hört Ella leise Mamas Stimme. Irgendwie fühlt es sich an, wie an den Tagen, wenn sie so früh aufstehen, weil sie ganz weit weg in den Urlaub fahren und nicht gleich in einen Stau kommen wollen.

»Was'n los?«, murmelt Ella, doch da weiß sie es schon. Diesmal ist es nicht wegen Urlaub, sondern wegen Ostern und dem Osterfeuer vor der Kirche. Das fängt nämlich schon um fünf Uhr morgens an. Weil das Feuer noch viel schöner leuchtet, wenn es außen herum dunkel ist, und dass es schön ist, ist wichtig, weil es ja an die Auferstehung Jesus' erinnert.

Malte, die alte Schlafmütze, hat sich einfach wieder umgedreht, als Mama ihn geweckt hat, und liegt immer noch im Bett.

»Wenn du jetzt nicht aufstehst, verpasst du noch das ganze Osterfest«, meint Ella. »Dann denkt der Osterhase am Ende, dass du gar kein Osternest magst.«

Das wirkt. Malte wühlt sich blitzschnell aus dem Bett. »Aus der Bahn!«, ruft er und flitzt ins Bad.

Zwanzig Minuten später machen sie sich auf den Weg. Bei Ida und Lennart in der Wohnung unten brennt kein Licht, bestimmt sind sie schon im Kirchhof beim Osterfeuer und haben die besten Plätze ganz vorn. Bei Bruno brennt auch kein Licht, er ist nämlich schon am Freitag mit seinen Eltern und Anna-Baby nach Rom geflogen, um bei seiner Oma Ostern zu feiern.

Vor lauter Beeilen hätte Malte fast sein Osterkörbchen mit den Eiern vergessen, das er vom Pfarrer weihen lassen will, und weil sie so spät dran sind, fahren sie lieber mit dem Auto.

»Himmel, es gibt keinen einzigen freien Parkplatz«, seufzt Papa, doch dann finden sie schließlich noch einen um die Ecke. Im Laufschritt, die Osterkörbchen fest an sich gedrückt, flitzen sie zum Kirchhof. Er ist voller Menschen und der Pfarrer begrüßt eben alle und erzählt etwas über Jesus und das Licht, das er in die Welt gebracht hat, und dass sie das heute feiern wollen.

Ella reckt den Kopf, um nach Ida und Lennart Ausschau zu halten, und gerade, als das Feuer angezündet wird, entdeckt sie die beiden auf der anderen Seite. Daneben stehen Idas und Lennarts Eltern und Lilly sitzt hoch oben auf den Schultern ihres Papas. Ella winkt wie wild, damit Ida sie auch sieht, und leise schlängeln sie sich an den Leuten vorbei bis zu ihnen durch.

»Guck mal, wie schön«, sagt Ida. Sie zeigt auf das Osterfeuer, das vorhin noch ein ziemlich kleines Feuer war, und dessen Flammen jetzt bis weit in den dunklen Himmel hinauf lodern.

»Ich wäre ja lieber im Bett geblieben«, sagt Lennart cool.

»Ich hab's versucht«, sagt Malte. »Aber eine gewisse Nervensäge hat dermaßen viel Lärm gemacht, dass ich direkt aus dem Bett gefallen bin.«

Mit *Nervensäge* meint er natürlich Ella, was Lennart sofort errät. Lachend zeigt er auf Ella, doch dabei gibt er ihr aus Versehen einen Schubs und prompt fällt eins der Eier aus ihrem Körbchen. Es landet mit einem fiesen *Knacks* auf dem Boden und hat nun eine angeditschte Stelle.

»Oh nee, das wollt ich nicht«, sagt Lennart erschrocken. »Willst du eins von meinen Eiern?«

»Nee, lass mal!« Ella schüttelt den Kopf, denn auf Lennarts Eiern sind allesamt Minecraft-Männchen gemalt und das findet sie nun wirklich nicht besonders österlich. »Ausgerechnet das mit dem Entenküken«, jammert Ella, während sie das Ei so in den Korb zurücklegt, dass man die Stelle nicht sieht. Das arme Ei kann ja nichts dafür und der Pfarrer weiht bestimmt auch angeditschte Eier und danach wird es sowieso gegessen.

So ein Feuer frühmorgens, wenn es noch dunkel ist, ist wirklich was Besonderes. Natürlich gibt es hier im Viertel oft mal ein Feuer, zum Martinstag oder zur Sonnenwende, aber das Osterfeuer ist schon das schönste. Es ist so gemütlich und man friert kein bisschen, was ja im Frühling um fünf Uhr morgens durchaus sein kann. Dabei erzählt der Pfarrer die Ostergeschichte, die alle eigentlich längst auswendig kennen, aber irgendwie wäre Ostern ohne Osterfeuer und Ostergeschichte nicht Ostern, denkt Ida. Dann muss sie grinsen, und natürlich auch nicht ohne Osternester.

Als der Pfarrer die große Osterkerze am Feuer anzündet, dürfen sich alle eine eigene kleine Osterkerze nehmen und sie an der großen anzünden. Nach und nach leuchten überall um das große Osterfeuer herum viele kleine Osterfeuer. In diesem Moment geht am Horizont die Sonne auf, was so schön aussieht, dass nicht mal Lennart vor lauter Staunen irgendein Blödsinn einfällt. Danach weiht der Pfarrer alle mitgebrachten Osterkörbchen, auch Ellas angeditschtes Ei, und wünscht allen *Frohe Ostern*.

Ida zupft Lilly am Ärmel. »Hey, ob der Osterhase gerade unsere Nester versteckt?«, fragt sie.

Lilly überlegt. »Natürlich«, sagt sie dann. »Weil er es doch heimlich machen muss, wenn wir ihn nicht sehen können.«

»Ich glaub ja, der Osterhase hat bis jetzt geschlafen und sitzt gerade gemütlich beim Frühstück«, meint Malte und als er das Wort *Frühstück* sagt, knurrt zur Antwort laut und für alle hörbar sein Magen.

Darüber müssen alle lachen, weil inzwischen nämlich alle einen Bärenhunger haben. Schließlich hat heute noch niemand etwas gegessen, und da passt es doch gut, dass der Pfarrer sagt, dass er schon Kakao und Kaffee gekocht hat und dass alle eingeladen sind, jetzt und hier zusammen zu frühstücken.

Und das ist dann richtig gemütlich, am Feuer die ganzen leckeren Sachen aus den Osterkörbchen zu essen: Osterfladen mit roter und mit gelber Marmelade, gebackene Osterlämmchen mit Puderzucker, bunte Ostereier und Osterschinken und natürlich Saft, Kaffee und Kakao.

Als niemand auch nur noch ein Krümelchen verputzen kann, machen sie sich auf den Heimweg, um endlich, endlich nachzuschauen, ob der Osterhase schon bei ihnen zu Hause war. Inzwischen ist es richtig hell geworden und das Feuer nur noch ein kleines Häufchen Glut.

Im Holunderweg wartet Tante Tanne auf der Stufe vor der Tür auf sie.

»Meine Güte, Tanne, ich dachte, du kommst erst später«, sagt Mama und nimmt Tante Tanne in den Arm. »Du bist ja ganz durchgefroren.«

»Ich habe eine Mitfahrgelegenheit gehabt, das ging schneller als mit dem Zug«, erklärt Tante Tanne.

»Ich mach dir einen Tee zum Aufwärmen«, meint Maltes und Ellas Papa und will schon ins Haus.

»Ach was, mir geht's gut«, sagt Tante Tanne, dann grinst sie Malte, Ella, Lilly, Ida und Lennart an. »Außerdem glaube ich, dass es jetzt allerhöchste Zeit ist, nachzuschauen, ob der Osterhase schon da war!«

Weil Erwachsene bei solchen Sachen ja irgendwie immer eine gute Vorahnung haben, laufen sie wie der Blitz in den Hof.

Maltes Papa erklärt, dass der Osterhase für jeden ein Nest versteckt hat. »Schaut nach, ob euer Name draufsteht«, sagt er.

»Wenn ihr ein Osternest findet, auf dem ein anderer Name steht«, sagt Herr Rosenbaum, »müsst ihr das Versteck geheim halten und so tun, als hättet ihr nichts gesehen, und nach eurem Nest weitersuchen.«

»Aber ich kann doch noch gar nicht lesen«, sagt Lilly erschrocken.

»Bei dir ist eine Sonne darauf gemalt, Lilly-Spatz«, sagt Lillys Mama.

»Woher weißt du denn das?«, fragt Lilly, aber da fegt sie auch schon mit den anderen über den Hof, um nach ihrem Osternest zu suchen. Sodass sie gar nicht sieht, wie Mama bei ihrer Frage ein kleines bisschen rot im Gesicht geworden ist.

Da stößt Lennart einen gewaltigen Jubelschrei aus. »Ich hab eins gefunden!«, plärrt er. »Mein Osternest … es steht auch mein Name drauf!« Und schon schleppt er ein Nest mit einem riesigen Schokoladenosterhasen, einer Menge Süßem, vielen bunten Ostereiern und einem kleinen Päckchen in Geschenkpapier an.

»Das ging ja schnell«, sagt Ella zu Ida. »Lennart hat immer so ein Glück.«

»Aber ein bisschen hat er auch Pech«, sagt Ida. »Weil er ja jetzt schon fertig ist mit der ganzen schönen Sucherei.«

Und das stimmt. Eigentlich ist das Suchen nämlich fast noch schöner als die Nester. Oder zumindest gleich schön. Ach, an Ostern ist einfach alles so schön.

Als Nächstes findet Ella ihr Osternest und kurz darauf Lilly. Aber Lillys Nest war auch nicht so schwierig versteckt, weil sie ja erst vier ist.

»Eine kleine rosa Glitzerbürste für mein Einhorn und eine große für mich!«, kräht Lilly da auch schon glücklich. »Wie der Osterhase das nur gewusst hat?«

Malte und Ida finden ihr Osternest als Letzte und fast zur selben Zeit, womit ja eigentlich keiner der Letzte ist, aber das spielt an Ostern sowieso keine Rolle.

Natürlich sind in allen Nestern ein Osterhase, eine Menge Süßes und bunte Ostereier, so muss ein Osternest ja sein.

Aber dann gibt es bei jedem noch ein kleines Geschenk dazu. Lennart hat tatsächlich einen kleinen Tacho für sein Fahrrad bekommen und in Maltes Nest ist eine Trinkflasche mit Monstern drauf. Ella und Ida haben jede ein Federmäppchen mit Pferdemuster und einem kleinen silbernen Hufeisen am Reißverschluss bekommen. Total süß.

»Da ist es fast schade, dass Ferien sind und man es den anderen nicht zeigen kann«, sagt Ella, aber das meint sie natürlich nicht ernst. Wer tauscht denn schon gern Ferien gegen Schule?

»Ich nehm meine Trinkflasche gleich morgen zu einem Fahrradausflug mit«, sagt Malte. »Die ist ja nicht bloß für die Schule.«

»Cool, ein Fahrradausflug«, tönt Lennart. »Da bin ich dabei!« Und dann will er seinen neuen Tacho natürlich gleich ans Fahrrad bauen.

Nur Lilly sagt nichts. Sie sitzt im Gras, summt zufrieden vor sich hin und bürstet abwechselnd ihrem Einhorn die Mähne und sich selbst die Haare.

Jetzt hätte man natürlich gedacht, dass Herr Schlussnuss bei so einem fröhlichen und ausgelassenen Osternestersuchen schon längst in den Hof gestürmt wäre und gefragt hätte, was das denn so früh am Sonntagmorgen soll, wo doch andere Menschen noch friedlich schlafen wollen. Doch bis jetzt hat er nur sein Fenster zum Lüften aufgemacht, damit Mimi und Püppi etwas Frühlingsluft schnuppern können.

»Zu Ostern ist sogar Herr Schlussnuss froh«, meint Tante Tanne.

»Eigentlich tut er mir ein bisschen leid«, sagt Ella. »Weil er immer so muffelig sein muss.«

»Muss er ja gar nicht«, sagt Lennart und grinst. »Von mir aus kann er ruhig nett sein.«

»Wisst ihr was?«, sagt Malte. »Wir legen ihm einfach auch ein kleines Osternest vor die Tür.«

Kurz darauf liegt vor Herrn Schlussnuss' Haustür ein kleines Nest aus Heu mit drei Eiern darauf, eins für Herrn Schlussnuss, eins für Mimi und eins für Püppi. Auch wenn Katzen vielleicht gar keine Ostereier essen. Und weil Herr Kuse auch nicht leer ausgehen darf, bekommt er ebenfalls ein kleines Nest vor seine Tür gelegt. Gesehen hat den Osterhasen dabei natürlich niemand.

Ein ziemlich durcheinandergeratener Muttertag

Heute Morgen ist Lennart schon ganz früh wach, obwohl Sonntag ist. Aber er ist nicht der Einzige. Denn als er sich heimlich aus der Wohnung schleichen will, was zu seiner Muttertagsidee gehört, stehen auf einmal Ida und Lilly fix und fertig angezogen hinter ihm.

»Wo wollt ihr denn hin?«, flüstert Lennart.

»Zum Blumenfeld«, flüstert Ida genauso leise zurück.

»Ihr auch?«, fragt Lennart verblüfft.

»Wir holen Blumen für Mama«, sagt Lilly und kichert, dass Ida und Lennart ihr schnell die Hand vor den Mund halten. Nicht, dass Mama was mitbekommt, sonst ist die schöne Muttertagsüberraschung nämlich gar keine mehr.

Dass sie die Idee mit dem Blumenfeld gehabt haben, liegt daran, dass überall in der Stadt Schilder hängen. »Blumen selber pflücken« steht darauf und »Bald ist Muttertag«. Lennart wollte eigentlich mit dem Rad fahren, aber mit Lilly im Schlepptau gehen sie lieber zu Fuß. Hinter dem Marktplatz führt gleich rechts eine Straße zum Blumenfeld. Es liegt noch ein bisschen im Frühnebel, direkt unter dem Schlittenberg, der statt weiß vom Schnee inzwischen komplett gelb vom vielen Löwenzahn ist.

»Bleib schön bei uns, Lilly«, sagt Ida. Nicht, dass Mama am Ende zwar einen schönen Blumenstrauß, aber nur noch zwei statt drei Kinder hat, weil Lilly sich sonst wohin verirrt hat.

»Tulpen 1 Stück 40 Cent« steht auf einem Schild am Rand des Blumenfelds, darunter ist ein Metallkasten, in den man durch einen Schlitz (wie bei einer Spardose) das Geld werfen soll. Da muss man natürlich rechnen, wie viele Blumen man will und das mal vierzig Cent und dann überlegen, wie viel Geld man überhaupt dabeihat. Unter der Kasse liegen kleine Messer bereit, die man sich zum Blumenschneiden ausleihen darf.

»Ich hab zwei Euro sechzig«, sagt Lennart, nachdem er alles Geld aus seiner Hosentasche zusammengezählt hat.

»Zwei Euro neunzig«, sagt Ida.

»Ich hab zehn Euro«, sagt Lilly und hält eine kleine Münze hoch, die sie aus ihrem kleinen rosa Plüschgeldbeutelchen gekramt hat.

»Das sind zehn Cent«, prustet Lennart los. »Nicht zehn Euro, sonst wärst du echt reich!«

»Ich bin aber reich, oder?«, fragt Lilly vorsichtig und zieht eine Schnute, dass Ida und Lennart es nicht übers Herz bringen, ihr

zu sagen, dass sie für zehn Cent leider nicht mal eine einzige Tulpe bekommt. Deshalb beschließen sie, alles Geld zusammenzulegen und zu dritt für Mama einen Strauß zu kaufen.

»Wir haben zwei Euro sechzig plus zwei Euro neunzig plus zehn Cent«, rechnet Ida. »Das sind ...«

»Fünf Euro sechzig!«, sagt Lennart, mit Geld kann er wirklich schnell rechnen. »Und eine Tulpe kostet vierzig Cent. Alter, dafür bekommen wir ...« Er überlegt angestrengt, weil es mit Tulpen in der Rechnung schon wieder schwieriger wird. »... eine Menge Blumen jedenfalls«, sagt er dann.

»Wir kaufen einfach zuerst zehn Blumen«, meint Ida. »Die kosten vier Euro und dann schauen wir, wie viel Geld wir noch übrig haben.«

Was ziemlich schlau ist, schließlich will niemand aus Versehen zu viel bezahlen. Aber auch nicht zu wenig, selbst wenn keiner zum Kontrollieren an der Kasse steht. Oben auf der Preistafel steht nämlich in großen Buchstaben: »Nur bezahlte Blumen bringen Freude!« Was so viel heißt wie, dass man sonst

ewig ein schlechtes Gewissen haben wird und sich gar nicht über die schönen Blumen freuen kann.

»Ich will rosa Tulpen«, kräht Lilly und stürmt los, den kleinen Pfad neben den Beeten entlang. »Die hier … und die … und die!«

Weil man mit vier Jahren noch nicht mit einem scharfen Messer umgehen soll, schneiden Ida und Lennart die Blumen für Lilly ab. Dafür darf Lilly am Schluss alles Geld allein in die Kasse werfen.

Als sie mit dem allerschönsten Blumenstrauß in den Holunderweg zurückkommen, sind schon alle auf den Beinen. Es rumst und rumpelt im Treppenhaus und Stimmen schallen von oben herunter. »Achtung, mehr links … jetzt heben … langsamer … mehr rechts …« Es sind die Väter und Herr Kuse, die gerade mit vereinten Kräften eine Waschmaschine zu Nina Süßmilch in den obersten Stock tragen. Auch Malte, Ella und Bruno sind schon wach und flitzen aufgeregt um die Männer herum.

»Guckt mal, was ich Schönes bekomme«, trällert Nina Süßmilch, als sie Ida, Lennart und Lilly entdeckt. »Natürlich bloß eine Gebrauchte, aber erst fünf Jahre alt, der Bruder von Herrn Kuse hatte sie übrig.«

»Mein Bruder hat letztens bei einem Preisausschreiben eine neue Waschmaschine gewonnen«, erklärt Herr Kuse. »Und weil seine frühere nur bei ihm im Keller herumstand, hab ich sie gleich für unsere Frau Süßmilch und den Kleinen geholt.«

»Sie sind ein Schatz, Herr Kuse«, sagt Nina Süßmilch fröhlich und Herr Kuse wird ein bisschen rot im Gesicht vor Verlegenheit.

Als sie dann die alte kaputte Waschmaschine nach unten tragen, die Herr Kuse gleich am Montag zum Sperrmüll bringen will, stürmt auf einmal Herr Schlussnuss aus seiner Tür. Ganz aufgelöst steht er vor ihnen und fuchtelt mit den Händen in der Luft herum.

»Waren wir zu laut?«, fragt Nina Süßmilch. »Das tut mir leid, wir sind gleich fertig.«

»Nein, nein, kein Problem«, schnauft Herr Schlussnuss. »Es ist nur … haben Sie Püppi gesehen? Sie ist verschwunden!« Da fällt allen erst auf, wie elend und durcheinander er aussieht. Er erklärt, dass er vorhin noch mit beiden Katzen gespielt hat, dann hat er das Fenster zum Lüften geöffnet und plötzlich war nur noch Mimi auf dem Fensterbrett. »Ich hab schon überall gesucht«, erklärt er. »… und gerufen hab ich … und einen Napf mit ihrem Lieblingsfutter auf die Terrasse gestellt.« Und tatsächlich schmiegt sich nur Mimi an sein Bein, was wirklich sehr traurig aussieht.

Da fliegt gegenüber die Wohnungstür auf und Frau Rosenbaum taucht auf. »Lilly, Ida, Lennart … da seid ihr ja!«, ruft sie erleichtert. »Zuerst dachte ich, ihr schlaft noch, aber dann hab ich eure leeren Betten gesehen …«

»Wir waren Blumen holen«, kräht Lilly und gibt Lennart einen Schubs, damit er den Strauß hinter seinem Rücken hervorholt. »Für dich, alles Gute zum Muttertag!«

»Herrje, und ich dachte schon, ihr wärt ausgebüxt!« Lachend umarmt sie Lilly, Ida und Lennart und küsst einen nach dem andern mit einem lauten Schmatz. »Meine drei Schätze, danke! Aber ihr hättet mir Bescheid sagen müssen.«

»Also Mama!« Lilly schüttelt empört den Kopf. »Bei einer Überraschung kann man doch nicht Bescheid sagen.«

Aber weil jetzt wirklich nicht der Moment ist, sich über Überraschungen und Bescheidsagen zu unterhalten, fällt ihnen Ida ins Wort. »Mama, stell dir vor, Püppi ist verschwunden«, sagt Ida. »Hast du sie gesehen?«

»Leider nicht«, sagt Frau Rosenbaum ganz betroffen. Denn für die Wildnis, also in diesem Fall die Straße, sind Herrn Schlussnuss' Katzen ganz bestimmt nicht gemacht. »Wir helfen natürlich suchen!«

»Das ist sehr nett, aber sie haben bestimmt Besseres vor«, sagt Herr Schlussnuss und zeigt auf den Muttertagsstrauß.

Frau Rosenbaum lächelt. »Zuerst finden wir Püppi«, sagt sie. »Da muss der Muttertag solange einfach mal warten.«

Weil das alle anderen im Holunderweg 7 auch finden, startet gleich darauf die größte Katzensuchaktion, die der Holunderweg je gesehen hat.

Sie suchen noch mal jeden kleinsten Winkel im Keller ab. Sie durchstöbern den ganzen Dachboden, weil Püppi ja vielleicht einer Maus nachgelaufen ist und jetzt vor ihrem Mauseloch lauert. Sie gucken im Fahrradschuppen, weil Püppi hineingelaufen sein könnte und jemand die Arme aus Versehen eingeschlossen hat. Sie gehen den Holunderweg auf und ab und fragen alle, die ihnen begegnen, ob sie nicht eine schwarze Katze mit weißen Pfoten gesehen haben. Sie laufen sogar bis zur Bushaltestelle vor. »Katzen sind neugierige Tiere«, meint Lennart. »Vielleicht wollte sie sich die Welt ansehen und hat nicht mehr nach Hause gefunden.«

Doch nirgends ist auch nur eine Spur von Püppi. Als sie schließlich keine Idee mehr haben, wo sie noch suchen sollen, kommt ihnen Frau Bayer vom Haus gegenüber entgegen.

»Na, schaut mal, wer mir da zugelaufen ist«, gluckst sie und hält tatsächlich Püppi im Arm, die sich gesund und munter laut schnurrend von ihr den Hals kraulen lässt. »Ich hab sie bei uns im Treppenhaus entdeckt.«

»Püppi!«, japst Herr Schlussnuss, der sein Glück erst gar nicht fassen kann. Dann streckt er die Arme aus und läuft auf die beiden zu. »Mein kleiner Ausreißer!« Als er Püppi sicher im Arm hat, klingt es, als würde er sogar selbst vor Freude schnurren, weil er immerzu etwas wie »Mein Püppilein« und »Ich hab mir solche Sorgen gemacht!« vor sich hin murmelt. So froh hat man ihn selten gesehen. Da bekommt man glatt Gänsehaut, so süß ist das.

Jetzt kann der Muttertag anfangen! Und weil es seltsam wäre, wenn nach so einer geglückten Katzensuche nun jede Familie allein in ihre Wohnung gehen würde, wollen sie alle zusammen im Hof feiern. Lennart, Malte, Ida, Ella und Lilly machen wieder Picknick, und Bruno zum ersten Mal, weil er Ostern ja nicht im Holunderweg, sondern in Rom war. Irgendjemand fragt Frau Bayer, ob sie auch zu Kaffee und Kuchen bleiben mag.

»Wie lieb von euch«, sagt Frau Bayer. »Aber meine Söhne besuchen mich.«

Da merkt Malte, dass er noch nie darüber nachgedacht hat, ob Frau Bayer Kinder hat. »Das ist gut«, sagt er. »Muttertag soll man unbedingt mit seinen Kindern feiern.«

Weil das stimmt, kommen später noch Oma und Opa Rosenbaum und Oma und Opa Sonntag und Tante Tanne dazu. Omas sind ja schließlich auch Mütter und Tante Tanne ist eine Tochter.

Nachdem sie zusammen ausgiebig Kaffee und Kakao getrunken und drei Kuchen ratzeputz aufgegessen haben, holt Brunos Papa zwei Flaschen Prosecco. »Zum Anstoßen«, sagt er. Und Nina Süßmilch holt zwei Flaschen Brausebubble. »Für die Kinder«, sagt sie. »Einmal Himbeere und einmal Melone.«

»Ach, wie haben wir es schön im Holunderweg«, seufzt Brunos Mama.

»Mh«, sagt Frau Rosenbaum. »Und wie gut die Kastanienblüten und der Flieder riechen.«

»Am besten, wir feiern jedes Jahr Muttertag zusammen«, schlägt Ida vor.

»Hallo, und was ist mit Vatertag?«, fragt Herr Rosenbaum und tut so, als wäre er furchtbar eifersüchtig auf die Mütter.

»Ja, wir Väter wollen schließlich nicht zu kurz kommen«, pflichtet ihm Herr Sonntag bei.

»Wir wollen auch so ein schönes Fest mit Kuchen und Blumen und Gedichten«, sagt Brunos Papa.

Als Brunos Papa das mit den Gedichten sagt, zuckt Bruno zusammen, weil ihm einfällt, dass er bei dem ganzen Trubel glatt vergessen hat, sein Gedicht aufzusagen. Deshalb flüstert er seiner Mama schnell ins Ohr, dass er später, wenn sie allein sind, noch eine Überraschung für sie hat.

»Wie wär's denn mit einem Seifenkistenrennen am Vatertag?«, fragt Opa Rosenbaum. »Das hab ich schon ewig nicht mehr gemacht.«

Und das ist eine so gute Idee, dass sie es sofort fest ausmachen.

»Im Holunderweg gehen uns die Feste einfach nie aus!«, ruft Ida ausgelassen und dann feiern sie, bis es dunkel wird.

Sonnwendfeuer, eine Kaffeefahrt und ein bisschen von allem

An einem der nächsten Tage hocken Malte, Bruno, Lennart, Ida und Ella zusammen vor Mümmels und Krümels Sommergehege hinterm Radschuppen im Gras. Bruno füllt aus einer Flasche neues Wasser für die beiden Kaninchen in den Wasserspender am Gehegegitter.

»Wisst ihr, was das Beste am Sommer ist?«, fragt Lennart.

»Hitzefrei, Ferien, Eis essen, Baden gehen, Cabrio fahren«, überlegt Malte.

»Das auch«, sagt Lennart. »Aber das Allerbeste ist, dass man abends ewig draußen bleiben kann.«

»Jaaa, weil es so lang warm und hell ist«, meint Ida.

»Das wird super, heute Abend«, schwärmt Bruno, womit er das große Sonnwendfeuer im Stadtpark am Weiher meint. Diesmal durften sie zum ersten Mal bei den Vorbereitungen helfen. Zusammen mit Sammy vom Sportverein, den Vätern, Nina Süßmilch, Bilal von der Post und ein paar Nachbarn haben sie den ganzen Vormittag Brennholz dafür gesammelt und im Park auf einen riesigen Haufen gestapelt.

»Unser Sonnwendfeuer wird das größte, das es je gegeben

hat«, sagt Ella und hält Mümmel ein Löwenzahnblatt vor die Nase, worauf Krümel sofort auch heranhoppelt. »Damit kommen wir ins Guinness-Buch der Rekorde.«

»Wenn wir gestern schon angefangen hätten, wäre der Haufen noch viel größer«, behauptet Ida.

Malte schüttelt den Kopf. »Sammy meint, das man den Haufen erst am Sonnwendtag aufbauen soll, damit sich über Nacht keine Tiere darin verstecken können.«

»So süße Puschel wie Mümmel und Krümel«, jammert Ida. »Das wäre ja schrecklich!«

Alle nicken betroffen.

»Da haben wir lieber ein kleineres Feuer«, sagt Lennart.

»Das mit dem Guinness-Buch wird eh nix«, erklärt Bruno. »Ich hab im Fernsehen gesehn, dass da extra jemand von den Guinness-Buch-Leuten kommen muss und alles genau messen und so.«

Von der Straße ertönt ein kurzes Hupen. Frau Rosenbaum, Idas und Lennarts Mama, biegt eben vor dem Haus in eine Parklücke ein und winkt ihnen aus dem offenen Seitenfenster zu. Sie steigt mit zwei schweren Einkaufstaschen aus.

»Na, habt ihr heute Abend schon was vor?«, fragt sie zwinkernd, weil die fünf seit Tagen von fast nichts anderem mehr als vom Sonnwendfeuer reden.

»Wenn uns bloß was einfallen würde, damit die Zeit schneller vergeht«, seufzt Ella.

»Oh, da hätte ich eine Idee«, sagt Idas und Lennarts Mama. »Im Auto ist noch eine Kiste mit Wasser und eine mit Saft für heute Abend, wenn ihr mir damit helfen würdet …«

»Schon gemacht«, sagt Lennart und springt so schnell auf, dass Mümmel und Krümel erschrocken die Ohren spitzen und schnuppern, ob nicht vielleicht irgendwo der Marder herumstreift. Was durchaus sein könnte, da immer mehr wilde Tiere in die Städte ziehen, weil sie hier so leicht an Essen kommen.

Als Frau Rosenbaum mit Malte, Lennart, Bruno, Ida, Ella und den Getränkekisten im Schlepptau die Wohnungstür aufsperrt, wird sie lautstark von Lilly empfangen.

»Mama, Mama, Mama!«, ruft Lilly aufgedreht und springt mit vor Aufregung glühenden Wangen um sie herum. »Du musst unbedingt Ja sagen!«

»So?«, fragt Lillys Mama neugierig und stellt die Taschen auf dem Küchentisch ab. »Wozu denn?«

»Frau Bayer macht eine Kaffeefahrt«, sprudelt es aus Lilly. »Weißt du, dort bekommt man lauter schöne Dinge geschenkt, Playmobil, ein Tischtennis-Set … ganz umsonst, man muss nur neunzehn Euro für den Bus zahlen … ich hab mir eine aufblasbare Badeinsel mit Palme ausgesucht.«

»Himmel, eine Kaffeefahrt«, stöhnt Lillys Mama. »Man hört doch ständig, dass die Leute dabei über den Tisch gezogen werden.«

»Ollerquatsch!«, posaunt Lilly ihr neues Lieblingswort heraus. »Da gibt's gar keinen Tisch.« Sie guckt Mama böse an, weil sie einfach so die schöne Kaffeefahrt und die Badeinsel kaputtreden will. »Wir fahren nämlich mit dem Bus.«

»Wir?«, fragt Mama.

»Ich darf mit, hat Frau Bayer gesagt«, erklärt Lilly stolz. »Du erlaubst es doch, oder? Bitte, bitte, bitte … ich bring dir auch was mit! Für Erwachsene gibt's Wäscheständer und Autostaubsauger … oder willst du lieber Wein?« Lilly macht eine kurze Pause, um Luft zu holen. »Man bekommt sogar Mittagessen.«

»Das ist viel zu anstrengend für Frau Bayer«, meint Mama. »Wenn sie die ganze Fahrt auf dich aufpassen muss.«

»Ich pass ja selber auf mich auf«, schmollt Lilly. »Und zum Sonnwendfeuer bin ich wieder zurück, hat Frau Bayer gesagt.«

Lennart findet Kaffeefahrten langweilig, trotzdem tut ihm Lilly leid. Sie scheint unbedingt mit Frau Bayer in einem Bus durch die Gegend zuckeln zu wollen.

»Oje, Mama macht dieses Gesicht«, flüstert er Ida zu.

Ida nickt. »Wie immer, wenn sie schon weiß, dass sie am Ende Nein sagen wird«, flüstert sie zurück.

Und weil man als großer Bruder und als große Schwester Verantwortung hat, und Erwachsene manchmal kein bisschen von Kinderglück verstehen, beschließen sie, Lilly zu helfen.

»Liebstes Mamilein, setz dich, du hattest einen anstrengenden Tag«, sagt Lennart überschwänglich. »Ich mache dir Kaffee.«

Ida holt einen Hocker und hebt Mamas Füße darauf. »Das hast du verdient.«

Mama sieht Ida und Lennart misstrauisch an. »Seid ihr okay?«, fragt sie verwundert.

»Sogar sehr okay«, sagt Lennart. »Lass dich einfach verwöhnen.«

»Mütter können sich ja nie ausruhen«, meint Lilly, die den Plan durchschaut hat, und sie schneidet für Mama ein extragroßes Stück vom Kuchen von gestern ab.

Bruno, Malte und Ella grinsen verstohlen und verdrücken sich heimlich zur Tür hinaus. Hierbei wollen sie nicht stören.

Es folgt ein wirklich großartiges Mamaverwöhnprogramm, sogar mit extra Fußmassage und allem Drum und Dran. Nur erlaubt hat Mama Lillys Kaffeefahrt leider trotzdem nicht.

Jedenfalls nicht sofort. Erst als sich zufällig herausstellt, dass Herr Kuse auch mitfährt, ist Mama beruhigt. Weil es zu zweit viel einfacher ist, einen Sack Flöhe (wie Lilly einer ist) zu hüten als allein.

»Passt gut auf euch auf«, sagt Lillys Mama zum Abschied.

»Machen wir«, verspricht Lilly und nimmt Herrn Kuses und Frau Bayers Hand.

»Wir sind schließlich eine Bande«, bestätigt Herr Kuse.

»Und mit allen Wassern gewaschen«, kichert Frau Bayer.

»Ja«, seufzt Lillys Mama, als sie ihnen nachwinkt: Herrn Kuse, Frau Bayer und einer glücklich den Gehweg entlanghopsenden Lilly.

Um sich die Zeit zu vertreiben, fahren die Jungs mindestens jede Stunde mit den Rädern in den Stadtpark, um nach dem Holzhaufen zu sehen. Dadurch geht es natürlich auch nicht schneller. Bis am frühen Abend dann endlich alle Familien vom

Holunderweg 7 zusammen mit Sack und Pack und zwei beladenen Bollerwagen zum Stadtpark ziehen. Eine Menge Leute sind auf den Beinen und warten darauf, dass das Sonnwendfeuer endlich angezündet wird.

Wie jedes Jahr ist auch die Feuerwehr da, damit nichts schiefgeht. Ein Löschfahrzeug parkt am Rand und Artjom steht in seiner Uniform bereit, was einen bei dreißig Grad furchtbar ins Schwitzen bringen muss.

»Gerade sind die Gräser und Sträucher so trocken, da kann leicht mal ein Funke einen ganzen Waldbrand auslösen«, erklärt Artjom, nachdem er seine liebsten Stammkunden, wie er Ida, Ella, Lennart, Malte und Bruno immer nennt, begrüßt hat. Wenn er nicht bei der Feuerwehr ist, arbeitet er nämlich mit Olga in ihrem Schreibwarenladen.

»In Spanien brennt seit Tagen ein ganzer Wald so groß wie unsere Stadt«, erzählt Lennart. »Das haben sie gestern im Fernsehen gebracht.«

»Ja, voll krass«, erklärt Bruno. »Da sind sogar Hubschrauber im Einsatz …«

»Psst, es geht los!«, unterbricht Ella die beiden, als sich drei Feuerwehrleute mit Fackeln rund um den Holzhaufen verteilen, um das Sonnwendfeuer anzuzünden. Es dauert etwas, bis der Haufen Feuer gefangen hat, aber dann schlagen die Flammen mit lautem Knacken und Zischen bis weit in den Himmel hinauf.

In sicherem Abstand sitzen die Leute ringsum auf Picknickdecken und packen ihr mitgebrachtes Essen aus. Bruno, Ella, Malte, Ida, Lennart und ihre Eltern haben sich abgesprochen, wer was mitbringt, so haben sie eine Riesenauswahl und können voneinander probieren.

»Ich nehm ein bisschen von allem!«, tönt Bruno und stapelt Biowürstchen, Kartoffelsalat, Nudelsalat, Tomaten, Thunfisch, Baguette und Käse auf seinen Teller. Worauf natürlich alle »ein bisschen von allem« wollen. Den Nachtisch, Schokocreme mit Obst, haben sie hitzesicher in eine Kühltasche verstaut und die Getränkekisten in den Stadtweiher ins flache Wasser zum Kühlen gestellt.

»Mama hat Erdbeerbowle gemacht«, erzählt Bruno und verzieht den Mund. »Das schmeckt vielleicht komisch, sag ich euch!«

»Du hast es probiert?«, fragt Malte anerkennend.

»Aber das mach ich nie wieder im Leben«, schnaubt Bruno.

Ella, Ida, Lennart und Malte nicken mitfühlend und bestätigen, dass auch sie nie im Leben Bowle trinken werden.

»... oder wir sollen zur Strafe auf einen Schlag grüne Haare bekommen«, sagt Lennart kichernd.

Da tauchen Lilly, Herr Kuse und Frau Bayer auf. Ein bisschen spät und ein bisschen erschöpft.

»Solche Lügner!«, schimpft Lilly und springt in Papas Arme. »Denen sollte man die Hammelbeine langziehen!«

Dann erzählt sie im Schnelldurchlauf, dass es leider furchtbar langweilig gewesen ist und die versprochene Badeinsel mit Palme – das muss man sich mal vorstellen! – so winzig ist, dass grad mal Lillys Barbie darauf Platz hat. Und tatsächlich hält sie eine quietschgrüne Mini-Badeinsel fest in ihrem Arm. Auch noch, als sie kurz darauf auf Papas Schoß eingeschlafen ist.

Inzwischen erhellen nur noch der Feuerschein und der Mond die Nacht, als Nina Süßmilch mit Klein-Olli bei ihnen vorbeischaut.

»Olli nicht müde«, brummt er und kuschelt sich schläfrig an Nina.

»Habt ihr schon Maike kennengelernt?«, fragt Nina und zeigt auf die Frau neben sich. »Sie ist neu in der Stadt und hat den Tätowierladen hinter dem Marktplatz eröffnet.«

»Hallo«, sagt Maike. »Schön, euch kennenzulernen!«

Brunos Mama lädt Maike gleich zu einem Glas Erdbeerbowle mit auf die Picknickdecke ein.

»Sie hat wirklich viele Tattoos«, flüstert Bruno.

»Klar«, meint Ella. »Wenn sie doch den Laden hat, das ist wie Werbung.«

»Und sie hat einen silbernen Ring in der Augenbraue«, sagt Malte. »Wie der Typ in der Bibliothek.«

Lennart nickt. »Das ist schon fast wieder out, hab ich gehört«, sagt er, als würde er sich auskennen.

»Ist doch egal«, sagt Ida. »Wer hat Lust auf Verstecken im Dunkeln?« Was eine seltsame Frage ist, denn darauf haben Malte, Ella, Lennart und Bruno wirklich immer Lust.

»Darf ich mitspielen?«, fragt Maike.

»Natürlich«, sagt Lennart und erklärt zur Sicherheit die Regeln. Aber Maike kennt sich aus, sie ist sogar richtig gut in Versteckspielen, was für einen Erwachsenen ja allerhand ist. Noch dazu ist sie total nett.

Und weil es einem in so einer schönen Sommernacht vor lauter Versteckspielen und Feuer ziemlich warm wird, beschließen sie nach einer Weile, alle zusammen im Stadtweiher schwimmen zu gehen.

»Ich liebe Mitternachtsschwimmen«, sagt Maike. Worin ihr jeder zustimmt, auch wenn sich der eine oder andere insgeheim ein bisschen vor den Schlingpflanzen im dunklen Wasser gruselt.

»Arschbombe!«, plärrt Lennart da und springt mit Anlauf vom Ende des Stegs ins Wasser, dass es nur so platscht. Ella und Bruno stürmen johlend hinterher.

»So könnte es jeden Tag sein«, seufzt Ida glücklich.

»Wisst ihr was«, kichert Malte. »Gerade bin ich von oben bis unten zum Platzen voll Sommer!«

»Wir müssen unbedingt noch übers Feuer springen«, sagt Maike. »Das bringt Glück.«

»... und schützt vor bösen Geistern und Dämonen«, heult Lennart mit einer Stimme, als wäre er selbst ein Geist.

»Lass das, das ist unheimlich!«, schimpft Ida. Weil man kurz vor Mitternacht in einem dunklen See nun wirklich nicht über solche Dinge redet.

Als sich die Jungs schon schlapp lachen wollen, ruft Ella laut: »Kommt, wir schwimmen zurück. Wer zuerst am Feuer ist!«

Und auf einen Schlag beginnt ein heilloses Planschen und Johlen und Wasserspritzen, dass niemand mehr auch nur an Geister denkt.

Alle verbringen eine Nacht in der Wildnis und müssen um ein Haar Heuschrecken essen

Das muss man sich mal vorstellen: Heute treffen sich alle Papas zufällig im Super-Kauf und plötzlich schwelgen sie mitten in Kindheitserinnerungen an ihre Sommerferien früher und dass sie alle so gern im Zeltlager waren. Sie haben gar nicht mehr aufgehört zu erzählen und die Leute haben schon geguckt.

Aber jetzt kommt das Wichtigste: Am Ende haben sie ausgemacht, dass sie mit den großen Kindern (also Lennart, Malte, Bruno, Ida und Ella) am Wochenende zum Zelten fahren wollen. Und da ist es doch ein Riesenglück, dass die Väter sich beim Einkaufen getroffen haben.

Am Samstagmorgen geht es in aller Früh los. Ella, Ida, Bruno, Malte und Lennart sind aufgedreht wie sonst was und flitzen wie eine Horde aufgescheuchter Hühner herum.

»Ich liebe zelten«, verkündet Malte, obwohl er noch nie im Leben zelten war. Sein Papa musste sogar erst ein Zelt kaufen.

»Wenn ich mal Kinder hab, geh ich auch in jeden Ferien mit ihnen zelten«, erklärt Ida.

Wobei Lennart schrecklich albern zu kichern anfängt. »Du

meinst, wenn du mit Bruno oder Malte verheiratet bist?«, kräht er und macht andauernd so komische Knutschgeräusche.

»Na, dich heiratet sie bestimmt nicht«, zieht Ella ihn auf.

Bloß die arme Lilly war furchtbar wütend, als sie erfahren hat, dass sie nicht zu den Großen gehört, die mitfahren dürfen. Doch Lillys Mama hat versprochen, nur mit ihr allein in den Märchenpark zu fahren, und dass Lilly abends sogar in Mamas und Papas Bett übernachten darf. »Genau, ich schlaf doch nicht zwischen Ameisen und Spinnen wie ihr«, verkündet Lilly, während sie trotzdem ein bisschen neidisch beim Einladen zuschaut.

»Jetzt geht's ab in die weite Welt«, prahlt Lennart und schleift mit Bruno und Malte die riesigen Taschen mit den Zelten zum Auto.

Herr Sonntag und Herr Rosenbaum haben die Autos extra rückwärts bis vors Haus gefahren, damit man alles direkt in den Kofferraum laden kann: Rucksäcke, Isomatten, Schlafsäcke, Kühltaschen, Campingkocher und -geschirr, eine Campinglampe und noch viel mehr. Man kann sich nicht vorstellen, wie viele Dinge man für ein Zeltwochenende braucht. Und noch weniger kann man sich vorstellen, dass das alles tatsächlich in die beiden Autos passt und Malte, Ella, Lennart, Ida, Bruno, Herr Rosenbaum, Herr Sonntag und Herr Carducci noch mit dazu.

Nach vielen Umarmungen, Küssen und großem Winken fahren sie schließlich los. Zuerst ewig über die Autobahn, und als sie schon denken, dass sie wohl nie ankommen, biegen sie rechts ab. Die Straße wird immer enger und kurviger, bis sie schließlich direkt an einem Parkplatz vor einem See aufhört.

»Alle aussteigen!«, ruft Lennart, als ob sie ohne ihn bis zum Sankt Nimmerleinstag sitzen bleiben würden.

»Beeilt euch, wir dürfen die Fähre dort nicht verpassen«, sagt Maltes und Ellas Papa. »Jeder nimmt, so viel er tragen kann.«

»Wir zelten auf dem Wasser«, grölt Bruno albern.

»Nicht ganz«, sagt Brunos Papa. »Aber wir zelten mitten im See.« Er zeigt auf eine kleine grüne Insel, die wie ein schwimmender Wald aussieht.

»Eine einsame Insel, krass!«, sagt Malte ehrfürchtig. »Das wird so was von cool.«

In Windeseile laden sie das Gepäck aus den Autos und rennen zur Fähre, die kurz darauf ablegt und sie zehn Minuten später auf der kleinen Insel absetzt.

»Morgen um zwölf hol ich euch wieder ab«, brummt der Kapitän der Fähre, der mit seinen kurzen Hosen und dem verwaschenen T-Shirt nicht im Mindesten wie ein Kapitän aussieht. »Viel Spaß!«

»Nun sind wir ausgesetzt wie Robinson«, sagt Brunos Papa mit leuchtenden Augen.

»Jawohl, wir sind auf uns allein gestellt«, trällert Lennarts und Idas Papa begeistert.

»Der beste Platz für das Zelt ist da«, überlegt Maltes und Ellas Papa. »Was meint ihr … oder hier … oder dort?« Zusammen streifen sie durchs Gelände und fachsimpeln über den besten Platz.

»Pfff, das kann dauern«, stöhnt Ida. »Wir bauen einfach schon mal unsere Zelte auf.«

Nun hat vielleicht nicht jeder schon mal ein Zelt aufgebaut und weiß, wie kompliziert das ist. In den meisten Fällen hat man nämlich am Schluss eine Stange zu viel oder zu wenig. Oder die äußere Zeltplane passt nicht richtig über das Innenzelt oder die Heringe (so heißen diese langen gebogenen Nägel) flutschen ständig aus dem Boden und das Zelt schrumpelt wieder in sich zusammen. Doch Ida, Ella, Malte, Lennart und Bruno sind Naturtalente. Im Nullkommanichts stehen beide Zelte tipptopp da, mit der weltbesten Aussicht, die man sich nur denken kann.

»Da bin ich aber platt!«, staunt Maltes und Ellas Papa. »Das ist der Weltrekord im Zeltaufbauen. Mal sehen, ob sie auch sturmtauglich sind.« Er geht um die beiden Zelte, ruckelt prüfend an den Seilen, als würden sie heute noch mindestens einen Orkan erwarten, und nickt zufrieden.

Allerdings stellen sich die Papas dann bei ihrem Zelt an, als hätten sie noch nie eins alleine aufgebaut. »Dass das immer so kompliziert sein muss …«, schimpfen sie oder »… dieses moderne Zeug … das war früher viel einfacher …«. Und weil das Zelt sonst am Ende, wenn es dunkel ist, vermutlich immer noch nicht stehen würde, helfen Ida, Ella, Malte, Lennart und Bruno mal lieber mit.

Als dann endlich auch der allerletzte Hering im Boden steckt und sich alle erschöpft auf den Boden plumpsen lassen, macht Idas und Lennarts Papa auf einmal ein Gesicht, als würde eben ein Elch oder eine Busladung Touristen aus dem Gebüsch stürmen. »Herrje, wir haben den Proviantrucksack zu Hause vergessen!«, sagt er.

»Wir haben nichts zu essen dabei?«, fragt Ida fassungslos. Geknickt schüttelt Idas und Lennarts Papa den Kopf.

»Wir werden verhungern«, jault Bruno auf.

»Und die Fähre kommt erst morgen um zwölf wieder«, heult Lennart. »Ich will noch nicht sterben!«

»Ach was, wir werden uns von wilden Beeren, Heuschrecken und Wurzeln ernähren«, sagt Brunos Papa. »Das macht Spaß.«

»... und ist total nahrhaft«, erklärt Maltes und Ellas Papa.

»Nie im Leben«, sagt Ella und verzieht das Gesicht. »Nicht wahr, Ida?«

Ida schüttelt den Kopf. »Wir rufen den Typi mit der Fähre an, damit er uns wieder holt«, schlägt sie vor.

Diesmal schüttelt Brunos Papa den Kopf. »Hier ist leider kein Handyempfang«, sagt er.

»Wir können eine Flaschenpost schreiben«, jammert Malte, »... oder ein Floß bauen!«

»Keine Panik! Wir angeln uns einfach was«, schlägt Idas und Lennarts Papa vor. »Der ganze See ist voller Fische.« Dann sucht er sich einen langen Ast, bindet eine Schnur daran und hängt sie ins Wasser. Natürlich fällt kein einziger Fisch darauf rein. Kein Wunder, so ganz ohne Köder.

Als sie dann doch zumindest nach Himbeeren und Brombeeren suchen, ruft Brunos Papa auf einmal erstaunt: »Hoppla, was ist denn das!« Er raschelt im Gebüsch herum und zieht vier riesige Dosen Bohnensuppe hervor. Dieselbe Marke, die es im Super-Kauf gibt.

»Die habt ihr vorher dort versteckt!«, behauptet Ella – ein bisschen froh, aber auch ein bisschen ärgerlich.

Bruno kneift die Augen zusammen. »Habt ihr unser Essen am Ende gar nicht vergessen?«, fragt er.

Die drei Papas drucksen mit roten Köpfen herum und geben schließlich alles zu. »Wir dachten, so ist unser Zeltwochenende für euch noch abenteuerlicher«, sagt Idas und Lennarts Papa verlegen. Und weil mittlerweile alle einen Bärenhunger haben, ist längst niemand mehr böse. Sie kippen die Suppe in einen großen Topf, machen sie auf dem Gaskocher warm und sind sich einig, dass Bohnensuppe noch nie so gut geschmeckt hat.

Als es langsam dunkel wird, sammeln sie Holz und machen auf dem Kiesstrand ein kleines Feuer, weil zum Zelten schließlich immer auch ein Lagerfeuer gehört. »Das hilft auch gegen Mücken«, sagt Ida.

»… und gegen wilde Tiere!«, haucht Lennart, um den Mädchen ein bisschen Angst zu machen. »Was meint ihr, ob sie wohl nachts um unser Lager streifen?« Genau in diesem Moment keckert und raschelt es aufgeregt aus dem Wald hinter ihnen.

»Du kannst ja dann zu uns ins Mädchenzelt kommen, wenn du dich fürchtest«, sagt Ida und steckt gackernd mit Ella die Köpfe zusammen.

Was die Jungs natür-

lich nicht auf sich sitzen lassen können. »Das wird sich zeigen, wer hier Schiss hat!«, prahlt Malte.

»Genau«, tönt Bruno. »Am besten, ihr haltet euch schon mal die Ohren zu, wir erzählen uns nämlich jetzt Gruselgeschichten!«

»Uh, da haben wir aber Angst«, sagt Ella und das Gegacker fängt von vorne an.

»Wir haben euch gewarnt«, sagt Lennart und dann erzählt er mit unheimlicher Stimme: »Jeden Abend gingen dreizehn Brüder mit dreizehn Holzbeinen ins Dorf, um Angst und Schrecken zu verbreiten …«

Die Ohren halten sich Ida und Ella natürlich nicht zu. Denn was gibt es Besseres, als sich alle zusammen im Dunkeln auf einer einsamen Insel Gruselgeschichten zu erzählen? Sogar die Papas wissen ein paar Geschichten, die allerdings nicht besonders gruselig sind, was aber nichts macht.

Als der Mond hoch über ihnen steht und allen schon die Augen zufallen, flattert auf einmal aus dem Wald ein kleines weißes Gespenst auf sie zu. Erschrocken halten sie den Atem an. Brunos Papa ist der Erste, der sich wieder erholt. Er zieht seine Taschenlampe aus der Hosentasche und richtet sie auf das Gespenst … das niemand anders als Lennart ist, der grinsend mit einer Rolle

Klopapier (dessen Ende wie ein kleines Gespenst im Wind flattert) aus dem Gebüsch stapft.

Dann klatscht Brunos Papa in die Hände und ruft fröhlich »Zähneputzen!«, als wäre er die Zahnfee persönlich. Als sich niemand rührt, erklärt er stolz: »Wir haben naturfreundliche Zahnpasta aus dem Outdoorladen … mit Himbeergeschmack.«

»Mann, Papa«, seufzt Bruno. »In der Wildnis putzt man keine Zähne, da hätten wir ja gleich zu Hause bleiben können.« Was Brunos Papa wohl oder übel einsehen muss, denn Ida, Lennart, Malte, Ella und Bruno krabbeln in ihre Zelte und sind schneller eingeschlafen, als man *Schlaft gut* sagen kann.

Am nächsten Morgen werden sie durch lautes Geheul geweckt. Auf einen Schlag springen alle aus ihren Schlafsäcken und stürmen noch im Schlafanzug aus den Zelten. Doch das Geheul kommt nicht von wilden Tieren, die sich über das Lager hermachen, sondern von Lennart, der todunglücklich vor ihnen steht. »Mein Kapuzenpulli … seht euch das an, der ist voller Löcher!«

»Himmel, Lennart, hast du uns erschreckt«, seufzt Lennarts Papa. »Es ist halb sechs! Warum bist du schon wach?«

»Ich hab geträumt, dass Ida neben mir Fingernägel knabbert«, jault er. »Und als ich aufgewacht bin, war das Knabbern immer noch da und da hab ich im Vorzelt nachgeschaut und den Pulli mit den Löchern gefunden.«

»Ich kaue keine Fingernägel!«, braust Ida auf. »Wehe, du träumst noch mal solchen Unsinn von mir.«

»Das waren Mäuse«, sagt Lennarts Papa, nachdem er den Pulli untersucht hat. »Sie haben wohl was zum Nestbau gebraucht.«

»Hoffentlich haben sie unser Frühstück verschont!«, ruft Bruno erschrocken. »Ich will nicht schon wieder Heuschrecken und Wurzeln essen müssen!«

Maltes und Ellas Papa winkt ab. »Keine Sorge, wir haben das Essen dort auf den Baum gehängt.«

»Beim Zelten darf man seine Vorräte niemals auf dem Boden lassen«, erklärt Brunos Papa. »Ihr habt Glück, dass wir so erfahrene Camper sind.«

»Oh ja, sehr erfahren«, kichert Ella. »Vor allem beim Zeltaufbau.«

Nun ist nach all der Aufregung an Weiterschlafen nicht mehr zu denken. Weshalb ein Frühstück mit Brot und Marmelade und warmem Kakao jetzt genau das Richtige ist. Für die Papas gibt's natürlich Kaffee.

»Wie geil ist das denn!«, ruft Bruno auf einmal und zeigt auf den rosa-rot-orange-violett glühenden Himmel über den Hügeln am anderen Ufer des Sees. »Guckt euch das an!« Und da verdanken sie Lennart und den Mäusen den allerschönsten Sonnenaufgang, den sie sonst glatt verschlafen hätten.

Zu Hause wollen alle Daheimgebliebenen natürlich sofort von ihren Abenteuern hören.

»Wir waren ganz allein auf der Insel«, erzählt Bruno.

»Und haben uns kein bisschen gegruselt«, sagt Malte.

»Stellt euch vor, ein riesengroßes Tier hat unsere Socken und unsere Vorräte gefressen«, raunt Lennart mit schreckgeweiteten Augen.

»Wenn wir nicht so tapfer gewesen wären und Heuschrecken und Wurzeln gegessen hätten …«, erzählt Ella atemlos, »… wären wir glatt verhungert!«

Dann knuffen sich die acht Zeltausflügler kichernd mit den Ellbogen in die Seiten und zwinkern sich zu. Und je öfter sie davon erzählen, umso sicherer sind sie sich, dass es ganz genau so gewesen ist.

»Nächstes Jahr gehen wir wieder zelten!«, sagt Ida und trägt ihren Schlafsack und die Isomatte in den Keller.

»Das wird richtig Tradition bei uns«, bestätigt Lennart. Und damit ist es beschlossene Sache, weil man sich Sommerferien im Holunderweg ohne Zelten gar nicht mehr vorstellen kann.

Endlich Sommerferien und eine Superidee

Die Sonne steht hoch über dem Holunderweg und das Thermometer zeigt siebenundzwanzig Grad. Ida, Ella, Lennart, Malte und Bruno sitzen im schattigen Gras hinterm Radschuppen. Mümmel und Krümel wuseln durch ihr Sommergehege und knabbern fleißig am Löwenzahn. Dass seit heute Mittag Sommerferien sind, kümmert die beiden Kaninchen scheinbar nicht.

»Sechs unendliche Wochen keine Schule und alle Zeit der Welt«, schwärmt Ida und streckt sich zufrieden auf der Wiese aus.

»Fünfundvierzig Tage«, sagt Ella, weil es sich so noch viel länger anhört. »Ich hab's im Kalender gezählt.«

»Über tausend Stunden«, behauptet Bruno, der es wissen muss, weil er in Mathe ein absolutes Supergenie ist.

»Und wie viele Minuten?«, fragt Malte, der als Erstklässler natürlich noch nicht so gut rechnen kann.

»Stopp!«, ruft Lennart und tut so, als würde er sich die Ohren zuhalten. »Das ist für den ersten Ferientag genug Mathe.«

»Da ist ja die Sommerferienbande«, sagt Hausmeister Kuse. Er legt seinen Gartenschlauch zu den Beeten und wischt sich den Schweiß von der Stirn. »Vermisst ihr die Schule schon?«

»Kein bisschen«, antwortet Ella und macht ein Gesicht, als hätte er gefragt, ob sie Schmuddelwetter vermisst.

»Ich hätte es keine Sekunde länger ausgehalten«, stöhnt Lennart. Dabei wollte er Frau Kusell, seine Lehrerin, vorhin zum Abschied am liebsten umarmen. Doch vor der ganzen Klasse wäre das natürlich megapeinlich gewesen.

»Und ist es erlaubt, nach den Zeugnissen zu fragen?«, fragt Herr Kuse grinsend.

»Alles paletti«, meint Bruno und wirft die Arme wie ein Muskelmann in die Höhe. Er muss nämlich kaum lernen, weil er irgendwie von alleine schlau ist.

»Ich soll im Unterricht nicht so viel tuscheln«, kräht Lennart, als wäre er darauf besonders stolz.

»Mama ist mit meinem Zeugnis zufrieden«, sagt Ella beiläufig. Dass sie nur Einser und Zweier hat, sagt sie nicht, weil das vielleicht angeberisch klingt.

»Ich soll ordentlicher schreiben«, seufzt Ida genervt. »Dabei hab ich in Deutsch eine Zwei.«

Malte ist der Einzige, der noch keine Noten hat. »Bei mir heißt es, *Malte sollte sich noch öfter melden*«, sagt er und verdreht genervt die Augen.

»Na, wenn ihr so fleißig wart …«, sagt Herr Kuse. Er fischt seinen Geldbeutel aus der Hosentasche und drückt jedem zwei Euro in die Hand. »Dann habt ihr euch ein Eis verdient.«

In diesem Moment taucht Lilly auf. Mit ihrem Papa, Herrn Rosenbaum, im Schlepptau hopst sie den Gehweg entlang. »Nur noch einmal schlafen, dann fahren wir ans Meer!«, kräht sie schon von Weitem.

»Dass man in den Ferien immer wegfahren muss!«, mault Ida. »Man kann doch auch mal zu Hause bleiben.«

Die anderen sehen sie verblüfft an.

»Freust du dich denn nicht aufs Meer?«, fragt Ella, die gerne verreisen würde. Aber sie waren in den Pfingstferien schon auf Korsika und zwei Urlaube sind viel zu teuer.

»Na ja, eigentlich freu ich mich schon«, meint Ida. »Aber jetzt haben wir Ferien und können doch nichts zusammen unternehmen, weil wir wegfahren.«

Die anderen nicken, denn das ist das einzig Dumme an Ferien.

»Wir sollten alle zusammen in den Urlaub fahren«, sagt Ella grinsend, um Ida aufzumuntern. »Alle drei Familien zur selben Zeit an denselben Ort.«

»Oder ich streike und bleib hier«, brummt Ida und grinst gequält. Fast wünscht sie sich, dass der Urlaub ausfällt, weil am Strand eine Quallenplage ausbricht oder ein Sandsturm. Aber so was soll man gar nicht denken.

Abends, als Idas, Lennarts und Lillys Papa gerade den Gepäckträger auf das Autodach montieren will, stößt er plötzlich einen lauten Schrei aus. Ida, Lennart, Lilly und Frau Rosenbaum kommen sofort angelaufen, um zu sehen, was passiert ist.

Mit schmerzverzerrtem Gesicht steht Herr Rosenbaum etwas schief und gebückt vor dem Auto. »Verdammt und zugenäht!«, jammert er und stützt die Hand in den Rücken. »Verflucht, tut das weh! … so ein ausgemachter Mist! … verflixt nochmal!«

»Aber Papa!«, ruft Lilly entsetzt, denn so viele Schimpfwörter hintereinander hat sie noch nie aus seinem Mund gehört. Es muss wirklich schlimm wehtun.

Nur mit Mühe humpelt er auf Frau Rosenbaum und Lennart gestützt zurück ins Haus. Im Wohnzimmer legt er sich laut stöhnend in Zeitlupe aufs Sofa.

»Mein armer, armer Papa«, flüstert Lilly immerzu. Sie hat ihren Kuschelhasen an seine Wange gelegt und streichelt Papas Hand.

»Papa hat bestimmt nur einen Hexenschuss, Spätzchen«, erklärt Lillys Mama. »In ein paar Tagen ist alles wieder gut.«

»Ob Bandscheibe oder Hexenschuss«, seufzt Herr Rosenbaum. »So kann ich nicht im Auto sitzen. Ich fürchte, unser Urlaub fällt ins Wasser.«

»Klar, fällt er ins Wasser«, witzelt Lennart. »Wir fahren ja ans Meer.« Doch keinem ist zum Lachen zumute.

Ida fühlt sich ganz elend. Hätte sie sich bloß nicht gewünscht, dass der Urlaub ausfällt.

»Hexenschuss!«, schmollt Lilly. »Das ist aber eine blöde Hexe, versaut uns den ganzen Urlaub.«

»*Versaut* sagt man nicht«, sagt Lillys Mama streng.

Ida atmet erleichtert auf. Wenn Mama sich in so einer Situation um Lillys gute Manieren kümmert, steht es um Papa bestimmt nicht ganz so schlimm.

»Papa durfte auch schimpfen«, verteidigt sich Lilly trotzig.

»Stimmt«, gibt Lillys Papa klein bei und versucht zu lächeln.

»Bleiben wir jetzt zu Hause?«, fragt Ida zögernd.

»Och nö, ich hab schon meinen Koffer gepackt«, empört sich Lennart. »Das war voll anstrengend.«

Mama überlegt einen Moment. »Lasst mich mal machen«, sagt sie dann geheimnisvoll. »Ich muss nur kurz telefonieren.« Sie nimmt das Telefon und verschwindet in der Küche.

Es dauert fast eine halbe Stunde, bis sie wieder im Wohnzimmer auftaucht.

»Tatarata!«, ruft sie strahlend, als würde sie einen Zaubertrick präsentieren. »Ihr dürft übermorgen zu Oma und Opa Sprembüttel aufs Land fahren!«

Einen Moment lang ist es im Wohnzimmer mucksmäuschenstill. Dazu muss man wissen, dass Oma und Opa nicht Sprembüttel heißen, sondern das Dorf, in dem sie wohnen. Und man muss wissen, dass Opa und Oma die Eltern von Mama sind.

»Wir allein?«, fragt Lennart schließlich.

»Ja, du, Ida und Lilly«, sagt Mama. »Ich bleib bei Papa zu Hause und kümmere mich um ihn, damit er schnell wieder gesund wird.«

»Ohne euch zu Oma und Opa nach Sprembüttel?«, fragt Ida

erschrocken und kann sich das im Moment überhaupt nicht vorstellen.

»Aber auf dem Land ist es langweilig!«, protestiert Lennart. »Können wir nicht auch zu Hause bleiben?«

»Schlaft erst mal drüber«, sagt Mama fröhlich. »Wir reden morgen weiter.«

Ida seufzt, die Ferien fangen ja toll an.

Am nächsten Morgen beim Frühstück verkündet Lennart: »Ich hab nachgedacht, wir fahren zu Oma und Opa Sprembüttel …«

»Was?«, fragt Ida und verschluckt sich fast an ihrem Kakao.

»Schön«, sagt Mama und bringt Papa eine Tasse Kaffee zum Sofa. »Ich geb Oma und Opa nachher Bescheid.«

»Wir fahren hin …«, setzt Lennart nach. »… wenn die anderen auch mitdürfen.«

»Welche anderen?«, fragt Mama verblüfft.

Ida muss grinsen, weil sie ahnt, wen Lennart meint.

»Bruno, Malte und Ella«, erklärt Lennart, wie erwartet.

»Du liebe Güte«, japst Mama. »Was sollen Oma und Opa denn mit …« Sie zählt es an ihren Fingern ab. »… mit sechs Kindern?«

»Wir könnten ihnen auf dem Bauernhof helfen«, springt ihm Ida bei, die sich auf einmal nichts Schöneres vorstellen kann. Gestern haben sie erst davon geredet, dass sie zusammen verreisen wollen, und jetzt bietet sich schon die Gelegenheit. »Sie hätten überhaupt keine Arbeit mit uns.«

»Ja, wir kümmern uns um uns selbst«, bestätigt Lennart. »Wir sind ja schon groß.« Eigentlich wollte er noch sagen, dass sie sich auch um Lilly kümmern, bloß das wäre dann doch ziemlich lästig.

»Ihr hättet endlich mal Ruhe vor uns«, schaltet sich Lilly mit honigbeschmiertem Mund ein. »Ihr könnt reden und …« Sie scheint zu überlegen, was Erwachsene so ohne Kinder machen.

Papa muss lachen, doch sofort stöhnt er auf und verzieht das Gesicht. »Autsch!«, jammert er.

»Bitte«, versucht Ida es weiter. »Es wäre das größte Glück, wenn wir alle zusammen fahren könnten.«

»Wir fahren auch alleine mit dem Zug hin«, schlägt Lennart vor. »Du kannst dich in Ruhe um Papa kümmern.«

Papa runzelt die Stirn. »Ob sie überhaupt Platz für sechs Kinder haben?«, fragt er.

»… wir haben früher ständig draußen gespielt«, erzählt Mama lächelnd. »Da waren die Kinder aus dem halben Dorf da.«

»Dann sind sie Kinder doch gewöhnt«, triumphiert Lennart.

»Ja, nur ist das schon etwas her«, schmunzelt Mama. »Darüber muss ich erst nachdenken und vor allem Oma und Opa fragen.«

»Und Brunos Eltern und Ellas und Maltes Eltern haben auch noch ein Wörtchen mitzureden …«, gibt Papa zu bedenken.

Nach dem Frühstück fährt Mama den armen Papa erst mal zum Arzt. Ida und Lennart trommeln inzwischen die anderen zusammen. Dass sie wegen Herrn Rosenbaums Hexenschuss nicht in Urlaub fahren konnten, hat sich längst im Haus rumgesprochen. Deshalb wundern sich Bruno, Malte und Ella auch nicht, als Ida und Lennart vor ihrer Tür stehen.

»Wir haben was zu besprechen«, verkündet Lennart.

Doch da platzt Ida schon mit der Neuigkeit heraus. »Vielleicht können wir alle zusammen in die Ferien fahren!«

Abwechselnd erzählen beide von Papas Hexenschuss und dass sie deswegen nicht die weite Fahrt ans Meer machen können und wie Mama dann die Ferien bei Oma und Opa Sprembüttel eingefädelt hat.

»Wir wären den ganzen Tag zusammen!«, jubelt Ella und sie und Ida umarmen sich überschwänglich.

»Mädchen!«, schnaubt Bruno und die drei Jungs verdrehen die Augen. Dabei sind sie mindestens genauso aufgeregt.

»Cool, wir können machen, was wir wollen«, sagt Malte anerkennend.

»Wir müssen nur noch Oma und Opa überzeugen, dass ihr genauso brav seid wie wir!«, grölt Lennart. Was ausgerechnet aus seinem Mund echt witzig klingt.

»Also meine Eltern haben sicher nichts dagegen«, prahlt Bruno. »Ich war schon mal alleine im Feriencamp und da war ich erst fünf.«

Ella nickt zuversichtlich. »Unsere Eltern müssen in den Ferien arbeiten, die sind bestimmt froh, wenn sie niemanden brauchen, der auf uns aufpasst.«

»Wir sagen einfach, dass es gut für unsere Entwicklung ist«, kräht Malte aufgedreht. »So kriegt Tante Tanne Mama und Papa auch immer rum, wenn sie behaupten, dass wir noch zu klein für irgendwas sind.«

So kommt es, dass fünf Kinder ungeduldig vor dem Haus auf Idas und Lennarts Eltern warten.

»Der Arzt hat gesagt, dass Papa bald wieder gesund ist«, kräht Lilly, noch während sie aus dem Auto hüpft. »Bald ist die Hexe wieder fort.«

»Ja, zum Glück ist es nur ein Hexenschuss«, bestätigt Frau Rosenbaum.

»Ich muss mich ein paar Tage schonen«, stöhnt Papa, während er sich zurück in die Wohnung schleppt.

»Du musst dich richtig lange schonen!«, stimmt Ida zu und Ella, Lennart, Malte und Bruno nicken wie wild. Nicht, dass sie jetzt doch noch ans Meer fahren, weil es *nur* ein Hexenschuss ist.

Misstrauisch betrachten Herr und Frau Rosenbaum die Kinderrunde vor sich.

»Ist noch was?«, fragt Frau Rosenbaum.

Ist es nicht seltsam, dass Eltern so was immer wissen?

»Wir wollten fragen, ob du es dir überlegt hast?«, fragt Ida.

»Ja, ob Oma und Opa mit sechs Kindern doch was anfangen können«, flötet Lennart mit seiner lieblichsten Stimme.

»Kannst du sie noch mal anrufen?«, bettelt Ella.

»… und fragen, ob Ida, Lennart und Lilly drei vorbildlich erzogene Freunde mitbringen können?«, ergänzt Bruno.

Dann gucken alle so brav und harmlos, wie man nur gucken kann.

»Zusammen hätten wir auch bestimmt kein Heimweh«, mischt sich Lilly ein. An Heimweh hat noch gar keiner gedacht, aber Lilly hat recht.

»Also gut, ich ruf an«, sagt Frau Rosenbaum. »Aber ich kann nichts versprechen. Sechs Kinder zu bändigen ist nicht ohne.«

Diesmal ist das Telefonat so schnell wieder vorbei, dass Ida schon Bammel hat, dass Oma und Opa Nein zu der Idee gesagt haben.

»Also«, verkündet Mama vor der gespannten Runde. »Oma und Opa wünschen Papa gute Besserung …« Alle halten die Luft an, bis Frau Rosenbaum endlich weiterspricht. »… und sie sagen, dass sie für ein paar Tage sechs Hilfskräfte gut gebrauchen können.«

»Yes!«, brüllt Lennart und dann ist der Jubel im Wohnzimmer ohrenbetäubend. Es ist besiegelt: Sie fahren alle zusammen zu Oma und Opa Sprembüttel aufs Land!

Anschließend muss Frau Rosenbaum noch alles ganz genau mit Brunos und mit Ellas und Maltes Eltern besprechen. Denn natürlich lässt man seine Kinder nicht einfach so zu fremden Omas und Opas verreisen.

»Ist es auch wirklich in Ordnung?«, fragt Frau Carducci, Brunos Mama, immer wieder. »Sechs Kinder sind anstrengend.«

»Oma und Opa sind Kinder von früher gewöhnt«, beruhigt Frau Rosenbaum sie. »Die Kinder sollen nur ihre Schlafsäcke mitbringen.«

»Wir geben ihnen natürlich Essensgeld mit«, meint Herr Sonntag.

Nur bei der Zugfahrt ist sich Frau Sonntag nicht sicher. »Die Kinder fahren allein?«, fragt sie. »Malte ist ja erst sechs.« Als Frau Rosenbaum erklärt, dass die Fahrt ohne Umsteigen ist und der Zugbegleiter sicher aufpasst, ist Frau Sonntag beruhigt.

Und weil Ida, Ella, Lennart, Malte, Bruno und Lilly ordentlich verabschiedet werden müssen, wollen alle Familien abends zusammen im Hof grillen. Doch bis dahin müssen sie noch unendlich viel für die Reise vorbereiten.

Wenn du wissen möchtest, was Ida, Ella, Malte, Lennart, Bruno und Lilly bei Oma und Opa erleben, ließ weiter im Buch »Ferienzeit im Holunderweg«.

Als es im Hof eine Wasserschlacht gibt und Malte die Sprache der Tiere versteht

Der Urlaub bei Oma und Opa war herrlich und ist wie im Flug vergangen. Ida, Ella, Malte, Lennart und Bruno durften sogar in einem echten Schäferwagen übernachten. Trotzdem ist es schön, wieder zu Hause zu sein, und zum Glück liegen noch viele endlose Ferientage vor ihnen.

Weil es heute Morgen zuerst so aussieht, als würde es regnen, fahren Ida, Lennart und Lilly mit ihrer Mama zum Sommerschlussverkauf in die Innenstadt. Dort gibt es ein heilloses Gedränge und an allen Schaufenstern kleben rote Schilder, auf denen steht, wie billig alles nun ist.

»›Sommerschlussverkauf‹ klingt irgendwie voll gemein«, sagt Lennart.

»Als würden sich alle wünschen, dass der Sommer vorbei ist«, meint Ida und der Sommer tut ihr leid.

»Sie wollen schnell alle restlichen Sommersachen verkaufen, damit in den Regalen wieder Platz für die Herbstsachen ist«, erklärt Mama. »Schon verrückt, Ende August gibt es dann oft schon die ersten Lebkuchen im Super-Kauf.«

»Ollerquatsch«, kräht Lilly.

»Eigentlich dürfte man gar nichts kaufen«, meint Lennart. »Zur Strafe, weil sie den Sommer loswerden wollen.«

Aber nach drei Kaufhäusern, vier Läden und einer Menge Umkleidekabinen und Gedränge haben sie doch allerhand Tüten in den Händen. Mit Shorts und T-Shirts für Ida und Lennart und einem roten Badeanzug und einem niedlichen Kleid für Lilly. Alles billiger wegen des Sommerschlussverkaufs. Zum Glück, sonst muss man ja für drei Kinder fast ein Vermögen ausgeben.

Bis Mittag haben sich die Wolken verzogen und es ist so heiß wie die letzten Tage. Auf dem Heimweg bleiben sie wie immer noch vor dem Spielwarenladen stehen. Das Schaufenster ist vollgestopft mit den tollsten Sachen, sodass man am liebsten schon morgen Geburtstag hätte, um sich alles davon wünschen zu können.

»Bow, guckt mal die«, grölt Lennart und meint eine giftgrüne Wasserpistole mit dickem Tank und Ritsch-Ratsch-Abzug. »Bitte, Mama! Bruno hat auch so eine. Die schießt mindestens zehn Meter weit.«

Und weil Geschwister (vor allem Zwillinge, wie Ida und Lennart) nun mal zusammenhalten, wenn's darauf ankommt, und weil die Wasserpistole wirklich cool ist, fängt auch Ida an: »Bitte, Mama! Du hättest dann den ganzen Sommer Ruhe vor uns, weil wir nur noch draußen spielen.«

»Wir spritzen dich auch nie, nie, nie nass«, schaltet sich Lilly ein. »Versprochen!«

Da lacht Mama und sagt, dass sie ganz sicher *nie, nie, nie* solche Bazookas, Super-Soaker oder sonst welche Wasserpistolen kaufen wird. Als Ida, Lilly und Lennart schon irgendwas zwischen furchtbar wütend und furchtbar traurig werden wollen, sagt sie: »… aber so eine Feuerwehrspritze finde ich eine gute Idee.« Sie zeigt auf eine rote Feuerwehrspritze mit Schlauch und Riesentank, den man sich wie einen Rucksack auf den Rücken schnallen kann.

Dann sind sie in den Laden und haben tatsächlich drei von diesen Feuerwehrspritzen gekauft, für jeden eine. Der Verkäufer dachte schon, er hätte sich verhört – drei Feuerwehrspritzen auf einmal. Da hat Mama erklärt, dass es doch ein Elend wäre, wenn sie zu dritt nur eine Wasserspritze hätten und immer zwei von ihnen warten müssten, bis sie an der Reihe sind. Manchmal verstehen Erwachsene wirklich viel mehr von Kindern, als man meint.

Zu Hause sausen Ida und Lennart sofort in den Hof und füllen ihre Wasserspritzen in der großen Tonne bei der Regenrinne auf. Nur Lilly nicht, sie will erst ihren neuen Badeanzug anziehen. Als ob man schon mal einen Feuerwehrmann oder eine Feuerwehrfrau im roten Badeanzug gesehen hätte.

»Dann macht's nix, wenn ich nass werde«, sagt Lilly. Was zum einen wirklich schlau ist, aber zum anderen vermutlich doch mehr am neuen Badeanzug liegt. Ida und Lennart wollen lieber sofort mit der Wasserschlacht loslegen. Bei diesem Wetter wird man sowieso blitzschnell wieder trocken.

Und da man im Holunderweg 7 nie lange allein ist, schon gar nicht, wenn es im Hof nach Riesenspaß klingt, taucht kurz darauf Bruno mit seiner Super-Soaker auf. »Alle Mann in Deckung!«, brüllt er und ballert Wahnsinnsfontänen in die Luft.

Malte und Ella stürmen mit zwei Poolkanonen hinterher – die sie aber leider immer nach einmal Spritzen wieder in der Regentonne auffüllen müssen. Womit Malte und Ella echt im Nachteil sind. »Spielstopp!«, rufen sie dann jedes Mal, was aber

niemanden kümmert, weshalb Malte und Ella auch ziemlich schnell ziemlich nass sind.

Als Lilly mitten im größten Gefecht barfuß und im neuen Badeanzug in den Hof trabt, hat sie ihre Feuerwehrspritze gar nicht dabei. »Mama hat gesagt, dass ihr zu wild für mich seid«, erklärt sie. »Dafür durfte ich mit der Spritze alle Blumen auf der Terrasse gießen.« Lilly stolziert vor den anderen auf und ab, doch niemand bemerkt den neuen Badeanzug. »Die Wohnzimmerfenster hab ich auch gegossen«, erzählt Lilly weiter. »Jetzt sind sie schön sauber.«

»Die Wohnzimmerfenster?«, fragt Ida ungläubig. »Das hat Mama erlaubt?«

Lilly schüttelt den Kopf. »Nö, das ist eine Überraschung.«

Lennart grinst. »Na, ich glaub, *du* wirst eine Überraschung erleben, wenn Mama das sieht.«

Lilly streckt Lennart schmollend die Zunge raus und flitzt in die Wohnung zurück.

Danach haben alle erst mal genug von der Wasserschlacht, vor allem Malte, der zum Schluss noch einen Strahl mitten ins Gesicht abbekommen hat. Als sie es sich im Schatten bequem machen, kommt Hausmeister Kuse mit einem Farbeimer und einem Pinsel vorbei.

»Wo brennt's denn?«, fragt Lennart vorlaut. Das hat er von Klein-Ollis Papa gehört, der immer so witzige Sachen sagt, und heißt so viel wie: Was ist los? Und in diesem Fall passt es auch noch perfekt, weil Lennart die Feuerwehrspritze immer noch in der Hand und den Tank auf dem Rücken hat.

»Jemand hat uns einen Liebesbrief an die Wand gepinselt, das muss ich übermalen«, erklärt Herr Kuse und deutet schmunzelnd auf ein paar blaue Buchstaben direkt auf der blitzeblanken Hofmauer.

I ♥ you Anton

»I love you Anton«, liest Ella vor. »Das ist Englisch und heißt …«

»… ich liebe dich, Anton!«, trällert Lennart, als wäre er wirklich unsterblich in irgendeinen Anton verknallt. »Das weiß doch jedes Kindergartenbaby.«

Ella ist ein bisschen eingeschnappt, weil Lennart ihr einfach so die Schau stiehlt, schließlich haben sie und Bruno als Einzige schon Englisch in der Schule.

»Ich kann auf Englisch zählen«, sagt Ida und rattert ohne Pause die Zahlen von eins bis sechs herunter. »One, two, three, four, five, six.«

»Respekt, das ist wirklich gut«, staunt Herr Kuse, er taucht den Pinsel in den Farbeimer und gleich darauf steht nur noch

u Anton

auf der Mauer und im nächsten Moment ist auch das unter der frischen Farbe verschwunden.

»Ich weiß was Italienisches … Posso avere la pizza?«, tönt Bruno, was kein Kunststück ist, wo er doch so oft zu seiner Oma nach Italien fährt.

»Und was soll das heißen?«, fragt Ella.

Bruno grinst breit und leckt sich die Lippen. »Das heißt: Darf ich Pizza haben?«

Zuletzt sehen alle erwartungsvoll auf Malte.

»Kannst du nichts auf Englisch?«, fragt Ida.

»Na und«, brummt Malte. »Dafür …versteh ich die Sprache der Tiere.«

Einen Moment ist es mucksmäuschenstill. Doch dann lachen sich Lennart und Bruno schlapp.

»Na klar«, kräht Lennart. »Die Sprache der Tiere!«

»Dann erzähl uns doch mal, was Mümmel und Krümel so sagen«, japst Bruno mit puterrotem Gesicht.

»Was wohl? Dass du und Lennart Idioten seid!«, schimpft Malte.

»Lass dich nicht ärgern. Take it easy«, sagt Herr Kuse und zwinkert Malte zu, bevor er wieder mit Farbeimer und Pinsel aus dem Hof stapft.

»Hey, damit kannst du echt berühmt werden«, meint Lennart, als er und Bruno sich wieder beruhigt haben. »Wer versteht schon die Sprache der Tiere?«

»Ja, du könntest im Fernsehen auftreten«, meint Bruno und da gackern die beiden schon wieder los.

»Oder im Zirkus!«, tönt Ida und fängt sich damit einen bösen Blick von Ella ein.

»Lasst ihn in Ruhe«, zischt Ella und ärgert sich über Ida. Als ihre beste Freundin könnte sie ruhig zu Malte halten, der ja immerhin Ellas kleiner Bruder ist.

Sie zicken noch eine Weile hin und her, bis Bruno auf einmal diese Wahnsinnsidee hat. »He, wisst ihr was!«, brüllt er.

»Wir machen wirklich einen Zirkus, wie Ida gesagt hat! Wir alle zusammen, heute, hier im Hof!«

»Ich erzähle Witze!«, ruft Lennart sofort. »Das kann ich total gut.«

Malte grinst. »Cool, und ich dressiere Flöhe«, sagt er kein bisschen nachtragend. »Schließlich kann ich ihre Sprache.«

Ida und Ella sind sofort auch mit dabei. Sie wollen Hula-Hoop machen, sogar Doppel-Hula-Hoop, weil das schwieriger ist, und Bruno will eine Nummer mit Mümmel und Krümel üben. Als Lilly das mit dem Zirkus herausbekommt, will sie natürlich auch mitmachen. »Ich verrate aber nicht, was ich mache«, sagt sie.

»Echt Mann, das wird die größte Schau der Welt«, sagt Bruno. »Sämtliche Leute aus dem Holunderweg werden kommen und uns zuschauen.« Dann üben sie den ganzen Nachmittag, bis es Abend ist und alle Erwachsenen von der Arbeit zurück sind.

Sämtliche Leute aus dem Holunderweg sind dann zwar nicht gekommen, aber alle aus dem Holunderweg 7. Na ja, bis auf Herrn Schlussnuss, der meint, er hat so schon genug Zirkus mit allen Kindern hier im Haus. Und bis auf Frau Rosenbaum, Idas und Lennarts Mama, die leider zur Nachtschicht muss. Brunos Mama bringt eine große Schüssel Popcorn für alle mit, denn Popcorn gehört zum Zirkus einfach dazu.

Dann geht es los. Lennart erzählt drei Witze, die bei allen sehr gut ankommen. Ida und Ella stellen vermutlich den neuen Weltrekord im Doppel-Hula-Hoop auf. Bruno musste die Kaninchennummer kurz vor der Vorstellung noch ändern, weil seine Mama gesagt hat, dass das Tierquälerei und keine gute Idee wäre. Deshalb schießt er mit seiner Super-Soaker auf leere Plastikflaschen und trifft bei neun Flaschen nur zwei Mal daneben. Danach führt Lilly in ihrem neuen Badeanzug ihren Stofflöwen in die Manege, der doch tatsächlich durch einen Reifen springen kann.

Die absolute Attraktion ist aber natürlich Maltes Flohzirkus. Malte hat einen durchsichtigen Faden an ein Playmobilauto gebunden und zieht es nun heimlich mit der rechten Hand selbst über einen kleinen Tisch. Während er mit der linken Hand wichtig in der Luft herumfuchtelt, als würde er angestrengt eine Horde Flöhe dressieren, die leider so klein sind, dass man sie als Zuschauer nicht sehen kann. Umso erstaunlicher ist, dass so kleine Flöhe ein ganzes Playmobilauto ziehen können. Am Schluss gibt es für alle tosenden Applaus.

Nach der Vorstellung, als alle Zuschauer schon gegangen sind, sitzen Bruno, Ella, Ida, Malte und Lennart noch zusammen vor Mümmel und Krümels Sommergehege und essen das restliche Popcorn auf. Da springt Lennart auf einmal wie von der Tarantel gestochen hoch und hüpft auf der Wiese umher. »Hölle, wie das brennt!«, brüllt er und bevor sich auch nur einer darüber wundern kann, springen gleich darauf Ida und dann auch noch Bruno auf.

»Ameisenangriff!«, jault Bruno und reibt sich den Hintern.

»Mist, die haben bestimmt das Popcorn gerochen!«, jammert Ida.

Nur Malte und Ella sitzen seelenruhig da und mampfen weiter Popcorn.

»Haben sie euch nicht gebissen?«, fragt Lennart verblüfft.

Malte zuckt mit den Schultern. »Ich hab ihnen gesagt, dass wir Freunde sind und ihnen nichts tun.«

Ella kichert. »Ja, und dann haben sie gesagt, dass ihr euch am besten ein paar Kühlpacks auf die Bisse legt, das hilft.«

Lennart stöhnt auf. »Versteht ihr jetzt am Ende beide die Sprache der Tiere?«

Das rätselhafte Sommerloch und eine sensationelle Überraschung im Hof

Irgendwie sind die Ferien immer schneller vorbei, als man meint. Am letzten Tag klingelt morgens das Telefon bei Bruno. Es ist Lennart. Und das ist schon ein bisschen ungewöhnlich: dass er anruft und nicht schnell zu Bruno die Treppe in den zweiten Stock nach oben läuft. Doch diesmal muss es besonders schnell gehen.

»Die Erwachsenen haben irgendein Geheimnis«, kräht Lennarts Stimme aus dem Hörer.

»Ich liebe Geheimnisse!«, hört man Lilly im Hintergrund.

»Die Erwachsenen haben doch nur langweilige Geheimnisse«, meint Bruno unbeeindruckt.

»Außer zu Weihnachten und vor Geburtstagen!« Das war Idas Stimme, die sich inzwischen den Hörer geschnappt hat. »Aber sie haben irgendwas vor. Sie sind schon den ganzen Vormittag im Hof.«

»Lagebesprechung«, sagt Bruno cool, womit er meint, dass sie beraten wollen, was zu tun ist. »Kommt zu mir hoch und bringt die anderen mit.«

Bruno steht schon in der Tür, als Ida, Lennart, Ella und Malte aufgeregt plappernd oben ankommen. »Seid ein bisschen leise«, sagt er. »Anna-Baby schläft.«

»Sicher, Babys brauchen viel Schlaf«, erklärt Malte. Und er muss es wissen, denn mit Ida passt er oft auf Klein-Olli auf. »Anna-Baby ist ja erst null.«

»Null«, wiehert Lennart amüsiert. »Wie kann man denn null sein?«

»Was denn sonst?«, fragt Bruno. »Wenn sie im Dezember erst eins wird.«

»Dann ist sie eben halb eins«, sagt Ida, worauf alle angestrengt die Lippen aufeinanderpressen, um nicht laut loszukichern und Anna-Baby doch zu wecken.

Aber Bruno versteht keinen Spaß, wenn es um seine kleine Schwester geht. »So ein Blödsinn!«, schimpft er und um ein Haar hätte er nun Anna-Baby geweckt. Doch pappsatt und frisch gewickelt hat sie wohl beschlossen, sich durch nichts und niemanden aus der Ruhe bringen zu lassen.

»Dann ist sie halt soundso viele Tage alt«, schlägt Ella vor. »Keine Ahnung wie viel, ich habe noch Ferien, da muss ich nicht rechnen.«

»Nee, wir sollten nicht mal denken«, meint Ida grinsend. »Sonst schmilzt noch unser Gehirn.«

»Ja, deins vielleicht«, blökt Lennart.

Doch weil Ida keine Lust hat, sich den schönen letzten Ferientag vermiesen zu lassen, tut sie so, als hätte sie ihn gar nicht gehört.

»Also«, sagt sie. »Wie kriegen wir raus, was die Erwachsenen vorhaben?«

»Vorhin haben sie zwei riesige weiße Betttücher an die Wand vom Hinterhaus gehängt«, berichtet Lennart.

»Betttücher?«, fragt Bruno ungläubig.

Im nächsten Moment schlägt Malte Alarm. »Sie tragen ein Sofa in den Hof!«, ruft er und winkt die anderen ans Fenster. Gleich darauf überschlägt sich seine Stimme fast. »Es ist *unser* Sofa, Ella. Sie lassen es mitten im Hof stehen!«

»Vielleicht für den Sperrmüll«, meint Ida.

»Quatsch, das haben wir doch erst letztes Jahr neu gekauft«, sagt Ella.

Zusammen drücken sie sich die Nasen an der Scheibe platt und sehen, wie auch noch verschiedene Sessel und Campingstühle in den Hof getragen werden.

»Wir gehen runter und fragen sie einfach«, schlägt Malte vor.

Als sie in den Hof kommen, ist Herr Kuse eben dabei, ein Stromkabel auszurollen. Die Kellertreppe hinauf und dann weiter an der Hauswand entlang.

»Was wird das denn?«, fragt Bruno.

Herr Kuse schmunzelt bloß und sagt: »Eine Überraschung!«

Als sie Maltes und Ellas Papa anhalten, der mit seinem Laptop vorbeiläuft, sagt der auch nur »Überraschung!« und zwinkert ihnen zu. Genauso wie Lennarts und Idas Papa. Es ist zum Verrücktwerden. Auch aus Nina Süßmilch ist nichts herauszubekommen.

»Diese ganze Geheimniskrämerei ist schlimmer als an Weihnachten und Geburtstag zusammen«, seufzt Ida.

Da flippt Lennart fast aus. »Cool, sie haben eine Popcornmaschine!«, ruft er und zeigt auf Lilly und Frau Rosenbaum, die zusammen einen großen Kasten auf einer Sackkarre heranrollen. »Genau wie im City-Kino.«

»Hammer, und eine Eistruhe!«, johlt Bruno, wobei das etwas übertrieben ist, denn es ist nur eine strombetriebene Kühlbox, die sein Papa anschleppt. Aber mit dem Eis hat er recht, denn sie ist bis zum Rand voll damit.

In diesem Moment spaziert eine fremde Frau zum Hof herein und macht klickend Fotos von dem Ganzen. »Ich bin von der Zeitung«, erklärt sie wichtig und hält weiter ihre Kamera auf alles und jeden. »Im Sommerloch berichten wir gern von lokalen Ereignissen in unserer schönen Stadt.«

»Bei uns findest du ganz sicher kein Sommerloch«, sagt Lilly.

»Im Gegenteil«, sagt Ida und baut sich neben Lilly auf. »Hier bei uns ist so viel Sommer wie sonst nirgends.«

»Ein richtiger Sommerhaufen sozusagen«, ergänzt Ella.

»Genau, wir haben Sommer bis über beide Ohren«, kichert Malte.

Herr Rosenbaum lacht und nickt zustimmend. »Es tut mir leid, aber ich glaub, sie müssen wieder gehen … und woanders nach dem Sommerloch suchen. Viel Glück dabei!«

»Aber ich hab gehört …«,

sagt die Frau, während sie unschlüssig den Hof verlässt, »… findet denn hier nicht ein Hofkino statt?«

Als die Frau außer Sichtweite ist, gibt es kein Halten mehr und alle rufen durcheinander, was sie eben gehört haben: »Wir bekommen ein Hofkino … wir bekommen ein Hofkino!« Malte, Lennart, Bruno, Ella und Ida hüpfen wie fünf wild gewordene Gummibälle zwischen dem Sofa und den Sesseln und Campingstühlen umher. Denn das ist nun wirklich eine riesengroße XXL-Ferienendesensation, womit niemand gerechnet hätte.

»Ich glaub, ich werd nicht mehr!«, kräht Malte aufgedreht, als seine Mama den Reißverschluss einer schwarzen Tasche aufzieht. »Und da ist der Beamer!«

Frau Sonntag lächelt. »Den hab ich im Büro ausgeliehen«, erklärt sie. »Damit können wir den Film vom Laptop dann dort auf der Wand sehen.«

»Krass, ihr schaut im Büro Filme!«, sagt Bruno.

Maltes Mama schüttelt amüsiert den Kopf. »Nein, leider nicht. Damit schauen wir langweilige Zahlen und Listen an.«

Nur Lilly schweigt.

»Lilly-Spatz, was ist denn?«, fragt Lillys Mama und legt besorgt den Arm um Lilly.

Lilly drückt sich schniefend an sie. »Na, wegen dem Sommer«, sagt sie. »Wenn er doch ein Loch hat, müssen wir was tun!«

»Ach, kleine Lilly, das ist nur so ein Wort«, erklärt Herr Carducci, Brunos Papa. »Wenn die Politiker im Sommerurlaub sind und auf der Welt wenig passiert, wissen die Zeitungen nicht, was sie schreiben sollen … und das nennt man Sommerloch.«

»Dann hat also die Zeitung ein Loch«, stellt Lilly zufrieden fest. »Da muss die Frau sich leider selbst drum kümmern, weil wir nämlich vor lauter Hofkino für sowas überhaupt keine Zeit haben.«

Nur dauert es im Sommer wirklich ziemlich lang, bis es dunkel wird, was in diesem Fall kaum auszuhalten ist. Doch für ein Kino im Freien muss es nun mal unbedingt dunkel sein, sonst sieht man ja kein bisschen vom Film und ein Kino ohne Film ist natürlich nichts.

Um halb zehn ist es dann endlich so weit. Sogar Oma und Opa Sonntag haben es gerade noch rechtzeitig zurück vom Urlaub auf Mallorca zu ihnen geschafft.

»Das wollten wir uns auf keinen Fall entgehen lassen«, meint Oma Sonntag schmunzelnd.

»So was gibt's auf ganz Mallorca nicht«, bestätigt Opa Sonntag.

Und als jeder einen gemütlichen Sitzplatz gefunden hat, geht es endlich los. Zuerst ist immer so eine schwarze Stelle im Bild, bis Herr Kuse merkt, dass es sein Kopf ist, der dem Lichtstrahl im Weg ist. »Ich Dödel«, sagt er, rutscht mit seinem Sessel ein Stück zur Seite und ab da ist alles wunderbar.

Es ist ein Film von damals, in Schwarz-Weiß und die Menschen bewegen sich ganz ruckelig. Sie werfen sich Torten ins Gesicht, stolpern über Treppenstufen und verschenken Blumensträuße, an denen plötzlich die Blüten fehlen, weil sie in der Tür eingeklemmt waren. Es ist ein total lustiger Film.

»Bestimmt hört man uns überall im Holunderweg lachen«, flüstert Ida Ella zu.

Ella nickt kichernd. »Vielleicht wollen dann noch mehr kommen und den Film sehen.«

»Wir rücken einfach ein bisschen zusammen«, meint Nina Süßmilch, weil es klar wie Kloßbrühe ist, dass jeder zu ihnen ins Hofkino kommen darf, der mag. Na ja, außer Leuten, die das Sommerloch suchen.

Sogar Herr Schlussnuss schaut zu, heimlich aus seinem Klofenster, aber Lilly hat ihn längst entdeckt. »Vielleicht ist er bloß ein bisschen schüchtern«, murmelt sie, zuckt mit den Achseln und schleckt weiter an ihrem (bestimmt) hundertsten Eis diesen Sommer.

»Haben wir es nicht schön bei uns!«, seufzt Malte und stopft sich eine ganze Handvoll Popcorn in den Mund.

»Und so gemütlich!«, verkündet Ella.

»Gemütlicher geht gar nicht«, sagt Lennart und legt sich quer über Malte, Bruno, Ella und Ida.

»Eigentlich sollten wir den ganzen Sommer über Sofas und Sessel bei uns im Hof haben!«, meint Ida, worauf alle begeistert nicken.

»Ach, wir vom Holunderweg sind schon eine tolle Bande!«, meint Lilly glücklich. Was man nicht besser sagen kann.

Im Holunderweg ist Hofflohmarkt und Lennart und Bruno haben eine unglaubliche Geschäftsidee

»Eigentlich bin ich richtig froh, dass die Ferien vorbei sind«, sagt Lennart, als sie sich am ersten Tag nach den Sommerferien alle auf den Weg zum Schulbus machen.

»Hä?«, fragt Malte. »Du tickst wohl nicht richtig!«

Ida kichert. »Ich glaub, der Arme hat eine Sommerferienvergiftung.«

»Oder Hausaufgabenentzug«, sagt Ella.

»Blödsinn … ich meine, weil jetzt keiner mehr von uns im Urlaub ist und wir endlich wieder alle zusammen sind«, sagt Lennart. »Deshalb.«

»Stimmt, das ist schön«, sagt Malte und die anderen nicken.

Gut, ganz allein war man in den Ferien im Holunderweg sowieso nicht, irgendjemand war immer zu Hause. Denn verreisen kostet Geld, vor allem, wenn man Kinder hat. Also, wenn man nicht gerade Urlaub bei Tante Tanne oder bei Oma und Opa in Sprembüttel macht, der ja umsonst ist. Wobei das eigentlich auch kein richtiger Urlaub ist, so ganz ohne Meer oder Berge.

Lilly hüpft mit ihrem Kindergartenrucksack an Papas Hand nebenher und singt: »Kindergarten, Kindergarten, Lilly kann es nicht erwarten!«

Den ganzen Weg über schon und ohne Pause, dass allen längst der Kopf schwirrt, so ein Ohrwurm ist das.

Kurz vor der Haltestelle zeigt Ella auf eine Laterne am Straßenrand, an der ein buntes Plakat klebt:

GROSSER HOFFLOHMARKT

Samstag von 9–16 Uhr
im Holunderweg 7

Allerbeste Waren
Getränke und Kuchen

Sie haben das Plakat selbst am Computer gemacht, Brunos Papa hat es in seinem Büro ganz oft auf große DIN-A3-Bögen gedruckt und dann haben Lennart, Malte, Bruno, Ella und Ida die Plakate überall im Viertel aufgehängt. Die Worte *Allerbeste Waren* sind von Malte, darauf ist er besonders stolz. So locken wir ganz viele Kunden an, hat er gesagt.

»Der Hofflohmarkt ist schon in zwei Tagen«, sagt Ella. »Wir müssen uns endlich was für unseren Stand überlegen. Etwas Besonderes, gebrauchte Sachen verkauft ja sowieso jeder.«

Ida zuckt mit den Schultern. »Wir könnten vielleicht …«

»Lennart und ich wissen schon, was wir machen!«, ruft Bruno dazwischen.

»Echt?«, fragt Malte. »Was wollt ihr verkaufen? Kuchen oder Selbstgebasteltes?«

Lennart und Bruno wiehern los.

»Nee, ganz bestimmt nicht!«, betont Bruno.

»Na, da bin ich aber neugierig«, sagt Ella. »Die alten vernudelten Sachen aus eurem Kinderzimmer will nämlich bestimmt keiner haben.«

Lennart winkt ab. »Nö, wir haben eine viel bessere Idee.« Er zwinkert Bruno geheimnisvoll zu.

»Ja, eine *grandiose* Geschäftsidee«, sagt Bruno.

»Ihr hört euch an, als würdet ihr eine Bank aufmachen«, sagt Ida.

»Wer sich traut, kann mitmachen«, sagt Lennart.

»Mal sehen«, sagt Ella. »Wie sieht eure hervorragende Geschäftsidee denn aus?«

»Wir verkaufen Würmer!«, platzt es aus Lennart heraus.

»Würmer?«, fragt Malte fassungslos und auf der Stelle prusten die Mädchen los. Auch Malte lacht mit, denn er will sich nicht anmerken lassen, dass er sich ärgert, weil die Jungs ihn nicht eingeweiht haben.

»Ui, das ist mal eine tolle Geschäftsidee«, japst Ella und hält sich vor Lachen den Bauch.

»Die Würmer sind für Angler«, ergänzt Bruno verärgert.

Es dauert eine Weile, bis sich Malte und die Mädchen wieder beruhigt haben.

»Aber das ist doch gemein«, flüstert Ida dann. »Die Armen werden auf einen Angelhaken gespießt und ins Wasser geworfen.«

»… und von Fischen gefressen«, sagt Ella nachdenklich.

»Genau!« Lennart grinst breit. »Deshalb ist es ja so eine grandiose Geschäftsidee. Würmer werden so was von gebraucht, aber kein Angler will selber welche sammeln.«

»Und das erledigen wir«, sagt Bruno und zeigt auf Lennart und sich.

»Gibt's denn hier in der Stadt Angler?«, fragt Ida zweifelnd.

»Klar, Hunderte«, sagt Lennart.

»Was ist?«, fragt Bruno. »Macht ihr mit?«

Am nächsten Tag ziehen alle zusammen los, um Würmer zu suchen. Natürlich wollen Ida, Ella und Malte bei so einer grandiosen Geschäftsidee mitmachen. Ehrlich gesagt, ist ihnen auch nichts anderes eingefallen, was sie sonst verkaufen könnten.

Sie haben einen großen Eimer dabei und zwei Schaufeln zum Graben. Die Schaufeln hat ihnen Hausmeister Kuse geliehen. Sie mussten bloß hoch und heilig versprechen, sie bis zum Abend wieder zurückzubringen. Ida hat Gummihandschuhe mit, so muss sie die glitschigen Würmer nicht direkt anfassen. Malte würde eigentlich auch lieber Gummihandschuhe anziehen, aber nicht vor den anderen Jungs, die würden sich totlachen.

Seit mindestens einer halben Stunde suchen sie jedes Fleckchen Wiese im Viertel nach Würmern ab.

»Mann, das ist wirklich furchtbar anstrengend«, keucht Ella mit hochrotem Kopf, als sie zum wer-weiß-wievielten Mal die Schaufel in die Erde stemmt.

»Und bis jetzt haben wir kaum was gefunden«, brummt Bruno.

»… das reicht nie.« Er zeigt auf sieben Würmer, die im Eimer auf einem Stück Wiese herumkriechen, das sie extra ausgegraben und hineingelegt haben, damit sich die Würmer wie zu Hause fühlen.

»Ob sie wohl sehr traurig sind, weil wir sie von ihrer Wiese wegnehmen?«, fragt Ida.

»Huhu, Malte, Ella!«, ruft plötzlich eine Stimme hinter ihnen.

Es ist Oma Sonntag, Maltes und Ellas Oma, die mit Einkaufstaschen beladen auf sie zukommt.

»Du meine Güte, was macht ihr denn da?«, fragt sie. »Seid ihr jetzt Gärtner?«

Als ihr Malte und Ella die grandiose Geschäftsidee erklärt haben, lacht Oma Sonntag.

»Da hab ich einen Tipp für euch«, sagt sie. »Ihr müsst in unserem Komposthaufen suchen. Da gibt es so viele Würmer, die kann man gar nicht zählen.«

Eine halbe Stunde später haben sie ganze siebenunddreißig Regenwürmer in ihrem Eimer. Und weil sie Oma Sonntag nicht alle Würmer klauen wollten, haben sie bei Omas Nachbarn auch noch welche holen dürfen.

»Aber wie wollen wir die Würmer verkaufen?«, fragt Malte auf dem Heimweg. »Wir können sie ja schlecht in eine Tüte packen … oder den Leuten einfach so in die Hand geben, das überleben die nie.«

»Ähm … daran hab ich auch schon gedacht«, sagt Lennart kleinlaut. Wobei das aber eigentlich gar nicht stimmt.

»Wir nehmen Marmeladengläser«, schlägt Ida vor. »Wir füllen sie mit Erde und stechen Löcher in die Deckel, damit die Würmer atmen können. Als Lilly mal eine Raupe hatte, haben wir es auch so gemacht.«

Den Eimer mit den Würmern haben sie auf Brunos Balkon in den Schatten gestellt und das runde Spritzgitter draufgelegt, das seine Mama immer über die Pfanne legt, wenn sie Reibekuchen brät.

»Das muss sie ja nicht wissen«, meint Bruno. Aber in seinem Zimmer wollte er die Würmer bis morgen dann doch nicht haben.

Dann sind sie in die Küche und haben alle drei Gläser Marmelade, die Bruno im Kühlschrank gefunden hat, leer gefuttert.

»Na, euch schmeckt's aber«, sagt Brunos Mama, als sie hereinguckt. Sie trägt die kleine Anna an ihrer Schulter und klopft ihr sanft auf den Rücken, damit sie ein Bäuerchen macht.

»Och ...«, sagt Bruno, aber mehr weiß er dann doch nicht darauf zu sagen.

Lennart kommt ihm zu Hilfe. »Wir machen ein Umweltschutzprojekt«, erklärt er. »... für die Schule.«

»Und dafür müsst ihr so viel Marmelade essen?«, fragt Brunos Mama erstaunt. Doch da macht Anna ein Bäuerchen und danach mit lautem Getöse in die Windel.

Brunos Mama seufzt. »Dann lasst euch mal nicht stören ... ich geh Anna wickeln«, sagt sie und verschwindet mit Anna ins Bad.

»Puh, das war knapp«, sagt Bruno.

»Schulprojekt ...?«, fragt Ella mit gerunzelter Stirn. »Morgen beim Hofflohmarkt erfährt sie es doch sowieso.«

»Schon«, sagt Lennart. »Aber am Ende hätte sie was dagegen. Wir hatten Glück, dass Oma Sonntag so locker reagiert hat. Erwachsene sind oft echt komisch, wenn es um solche Sachen geht.«

»… um Regenwurmsachen«, kichert Bruno.

Ella zeigt auf die ausgelöffelten Marmeladengläser. »Wir brauchen mehr«, sagt sie. »Damit können wir ja nur drei Kunden bedienen.«

»Genau. Was, wenn alle hundert Angler kommen?«, fragt Malte. »Weil es sich rumgesprochen hat, was für gute Würmer es bei uns gibt?«

»Mehr Marmelade kann ich auf gar keinen Fall essen«, stöhnt Ida. »Mir ist jetzt schon schlecht.«

»Mir auch«, sagt Ella und hält sich den Bauch.

»Wir brauchen mindestens zwanzig Gläser«, sagt Bruno.

Da springt Malte auf. »Ich weiß, wo wir ganz viele herbekommen!«, ruft er. »Wir müssen zu den Altglascontainern bei der Tankstelle.«

»Ja!«, ruft Lennart. »Die Gläser dort sind garantiert schon leer gegessen.«

»Genial!«, jubelt Bruno. »Wir warten einfach neben den Containern, bis die Leute uns die Gläser bringen!«

»Dann mal los«, sagt Ella. »Wir haben nur noch heute Abend, um alles vorzubereiten.«

Am nächsten Morgen ist es so weit. Der ganze Hof im Holunderweg 7 ist voller Verkaufsstände. Bruno, Lennart, Malte, Ida und Ella haben den Campingtisch und Maltes alten Kindertisch aufgestellt, die sie letzten Winter auch für ihren Plätzchen- und

Punschstand hatten. Darauf stehen zwanzig Marmeladengläser mit Erde. (Die Leute am Glascontainer haben schon ein bisschen komisch geguckt, als Bruno, Lennart, Ida, Ella und Malte ihnen die Gläser abgenommen und sich auch noch dafür bedankt haben.)

Auf kleine Klebeschildchen, die sie noch schnell in Artjoms und Olgas Schreibwarenladen besorgt haben, haben sie

Lumbricus terrestris

Natürliche Feinde:

Igel, Maulwurf, kleine Vögel, Fische!

1 Stück: 20 Cent

geschrieben und immer genau dort aufs Glas geklebt, wo noch Reste vom alten Etikett zu sehen waren. Schließlich ist es nicht besonders professionell, Würmer zu verkaufen, auf denen *Essiggurken*, *Kirschmarmelade* oder *Erbsen* steht.

»*Lumbricus terrestris*«, erklärt Bruno, »das ist der lateinische Name für Regenwurm.«

»Vielleicht schreiben wir noch *Regenwurm* dazu«, meint Ella. »Es kann bestimmt nicht jeder Lateinisch.«

Fünf vor neun tauchen die ersten Kunden auf und etwas später ist der ganze Hof voller Menschen. Es ist ein Gedränge und Gesumme wie im Kaufhaus in der Innenstadt.

»Guckt mal, dort ist Klein-Olli und sein Papa«, sagt Ida und prompt kommen die beiden auch schon auf sie zu. Klein-Ollis

Papa ist alle zwei Wochen zu Besuch, weil er und Klein-Ollis Mama, Frau Süßmilch, nicht mehr zusammen wohnen. Früher schon, aber dann haben sie sich nicht mehr geliebt und sich getrennt. So ist das leider manchmal, hat Frau Süßmilch erklärt. Klein-Olli haben sie aber trotzdem für immer und ewig lieb.

»Na, meene Damen und Herren, wat ham wa denn da?«, fragt Klein-Ollis Papa. Er sagt immer so witzige Sachen.

»Allerfeinste Regenwürmer«, sagt Lennart und zeigt auf die Gläser.

»Bestens zum Angeln geeignet«, sagt Bruno.

Klein-Ollis Papa schüttelt den Kopf. »Ick angel aber gar nich«, sagt er.

»Na ja«, sagt Ella. »Dann können Sie auch keine Würmer brauchen.«

»Angel … Papa … Olli … haben«, plappert Klein-Olli vor sich hin und zeigt aufgeregt auf die Gläser.

Da müssen alle lachen, weil es so unglaublich niedlich klingt, wie er das sagt.

Und Klein-Ollis Papa sagt: »Jut, ick nehm se alle … aber nich zum Angeln, sondern für meen Jemüsebeet!«

Als dann klar ist, dass *Jemüsebeet* Gemüsebeet heißt, strahlen Lennart, Bruno, Malte, Ida und Ella von einem Ohr zum anderen.

»Zum Glück!«, ruft Ida. Denn, ganz ehrlich, es ist das Beste, was passieren konnte, und alle sind unbeschreiblich erleichtert, dass die Würmer nun so ein schönes Zuhause bekommen und nicht von Fischen zum Frühstück verspeist werden. Weil es nicht weit ist, liefern sie Klein-Ollis Papa die Würmer sogar höchstpersönlich bis direkt zu seinem Auto. Da haben Ida, Ella, Malte, Bruno und Lennart nun auf einen Schlag zehn Euro verdient. Eigentlich wären es für siebenunddreißig Würmer nur sieben Euro vierzig gewesen, aber Klein-Ollis Papa hat gemeint, dass sich zehn Euro viel besser unter fünf Kindern aufteilen lassen. Womit er recht hat, denn nicht mal Bruno und Ella hätten so was Kompliziertes auf die Schnelle ausrechnen können. Nur das nächste Mal, da wollen sie dann lieber etwas anderes verkaufen – selbst bemalte Steine vielleicht oder geflochtene Freundschaftsarmbänder.

Ida hat eine Gruselallergie und Ella und Lennart fangen beinahe zwei echte Gespenster auf dem Dachboden

»Kastaniensammeln ist das Allerschönste am Herbst«, jubelt Lilly.

Heute Nachtmittag darf sie nämlich mit den Großen in den Stadtpark. Ausgelassen hopst sie mit ihrem Körbchen neben Ida, Ella, Malte, Lennart und Bruno her. Die Sonne scheint so schön, dass das Laub überall wie golden leuchtet. Als sie angekommen sind, ruft Malte laut: »Wer am meisten Kastanien findet, hat gewonnen!«

Das lassen sich Ida, Ella, Lennart, Bruno und Lilly nicht zweimal sagen. Sofort stöbern und rascheln sie alle wild kichernd durchs Laub, als wäre hier irgendwo eine goldene Kastanie versteckt.

»Wir müssen anderen Kindern auch noch welche übrig lassen«, sagt Ella nach einer Weile. Aber die Körbe von allen sind sowieso schon bis zum Rand voll.

Atemlos lassen sie sich nebeneinander in einen großen Laubhaufen plumpsen. Die Blätter knistern unter ihnen und sind noch ganz warm von der Sonne, obwohl allmählich schon Nebel über dem Weiher aufzieht.

»Ach, ich liebe Herbst!«, seufzt Ella.

Ida grinst. »Ich glaube, ohne den Herbst würde ich das Ende vom Sommer überhaupt nicht aushalten!« Ausgelassen rudert sie mit den Armen durchs Laub.

»Ich kann mich nicht entscheiden, ob ich Winter, Frühling, Sommer oder Herbst mehr mag«, meint Bruno.

Lilly sagt nichts. Sie sitzt versunken vor ihrem Körbchen und versucht, alle ihre gefundenen Kastanien zu zählen. Die Arme, obwohl sie ja noch gar nicht weiter als bis fünf zählen kann. Was für eine Vierjährige zwar allerhand ist, aber für so eine Menge Kastanien nun wirklich nicht reicht.

Lennart zeigt auf die Kastanienäste über ihnen, die gesteckt voll grüner stacheliger Kastanienigel hängen. »Stellt euch vor, am Ende fällt genau jetzt eine runter.«

Ida und Ella springen quiekend auf.

»Mädchen …«, prustet Bruno kopfschüttelnd, doch dann bringt auch er sich in Sicherheit.

»Passt ihr mal lieber auf eure Besserwisser-Köpfe auf«, sagt Ella. »Außerdem sollten wir gehen, es wird langsam dunkel.«

»Wetten, wir sind als Erste da!«, ruft Ida. Sie zeigt den Jungs eine lange Nase, schnappt sich Ellas Hand und zusammen laufen sie den Kiesweg vom Weiher zur Kolumbusstraße vor. Die Jungs brauchen eine Weile, um sie einzuholen. Schließlich müssen sie sich auch noch um Lilly kümmern und Lilly will absolut nicht nach Hause, bevor sie nicht alle ihre Kastanien gezählt hat. An der Ecke zu Artjom und Olgas Schreibwarenladen haben sie Ida und Ella schließlich eingeholt.

»Kommt, wir zeigen Artjom und Olga, wie viele Kastanien wir haben«, sagt Ida. Sie liebt den Laden und könnte jeden Tag darin herumstöbern und sich all die schönen Sachen in den Regalen anschauen. Doch in der Ladentür hängt ein Schild: *Wegen Inventur heute leider geschlossen.*

»Wir lassen die beiden am besten in Ruhe«, sagt Ida. »Am Ende verzählen sie sich noch wegen uns.«

Artjom hat ihnen nämlich mal erklärt, dass sie bei der Inventur alle Bleistifte und Radiergummis und alles andere im Laden zählen und in eine Liste schreiben müssen. Und dabei sollte man nun wirklich niemanden stören.

Kurz vor dem Marktplatz überqueren sie die Ampel zu Maikes Tätowierladen. Auch dort ist geschlossen. Maike ist zwar wieder aus dem Urlaub zurück, aber freitags macht sie manchmal etwas früher Schluss. Um übers Wochenende zu ihrer Freundin zu fahren, die dreihundert Kilometer weit weg wohnt.

»Guckt mal, der Totenkopf«, flüstert Malte und zeigt auf einen schaurig beleuchteten Totenschädel im Schaufenster.

»Cool«, tönt Lennart und geht extra nah ran, um allen zu zeigen, dass er natürlich keinen Bammel hat.

Doch Malte könnte schwören, dass Lennarts wichtigtuerisches *Cool* ein bisschen zittrig klang.

»Ganz schön gruselig«, sagt Ida und ist heilfroh, dass sie hier jetzt nicht alleine vorbeigehen muss.

»Blödsinn, der ist doch aus Plastik«, sagt Ella lachend, doch wie zufällig rückt sie dabei näher zu den anderen.

»Das erinnert mich an die Geschichte vom kopflosen Edgar«, sagt Lennart und sieht abwartend in die Runde.

Ida verkriecht sich unauffällig tiefer unter ihre Kapuze. »Die Geschichte vom kopflosen Edgar?«, sagt sie leise.

In diesem Moment springen die Straßenlaternen an, eine nach der anderen. Die ganze Straße wird in ein bläuliches Licht getaucht, das heute irgendwie unheimlich wirkt, samt der Schatten an den Hauswänden.

»Was … ist denn mit seinem Kopf passiert?«, haucht Malte.

»Also …«, sagt Lennart. Da schiebt sich Lillys kleine Hand in seine Hand.

»Hört auf damit … so was darf ich nicht hören, dafür bin ich noch zu klein«, sagt Lilly und klingt dabei so unerschrocken wie keiner von den anderen. »Außerdem will ich heim, Kastaniensammeln macht sooo müde.«

»Stimmt«, seufzt Bruno. »Und ich muss um fünf zum Kieferorthopäden.«

Dann flitzen sie die letzten Meter so schnell wie nie nach Hause in den Holunderweg. Als Lilly im Wohnzimmer Papa entdeckt, ist sie allerdings wieder putzmunter und will unbedingt jetzt und sofort etwas mit ihm und den vielen schönen Kastanien basteln.

»Ja, das machen wir«, sagt Lillys Papa. »… gleich morgen.«

»Nein, heute«, jammert Lilly. »Heute!«

»Aber ich komme eben von der Arbeit und liege gerade so gemütlich auf dem Sofa«, gähnt Papa. »Weißt du, Eltern brauchen auch mal Feierabend.«

Nun guckt Lilly ihn mit ihrem unwiderstehlichen Armebabyhundeblick an und sagt: »Bitte, bitte, dann bist du auch mein allerbester Lillypapa!«

Da schmilzt Lillys Papa natürlich dahin. »Na gut«, seufzt er schließlich.

»Au ja!«, jubelt Lilly glücklich. »Wir machen Kastanienketten, eine für mich und eine für dich!«

Lilly weiß eben genau, wie sie ihren Papa um den Finger wickeln kann. Und dann werkeln die beiden wie die Weltmeister: Papa bohrt in jede Kastanie ein Loch und Lilly fädelt sie auf zwei lange Schnüre auf.

Ida, Lennart, Ella und Malte verkrümeln sich unauffällig in Idas und Lennarts Zimmer. Nicht, dass Lilly sie auch noch zum Kastanienbasteln verdonnert.

»Was ist nun mit der Geschichte vom kopflosen Edgar?«, fragt Ella und quetscht sich neben die anderen auf Lennarts Bett.

Die Worte *vom kopflosen Edgar* sagt sie ausgerechnet mit so einer säuseligen Grabesstimme, dass es einem kalt den Rücken runterläuft. Zumindest Ida und Malte geht das so.

»Merian aus der Vierten hat sie mir gestern im Schulbus erzählt«, sagt Lennart so beiläufig, als wäre es völlig normal, dass Viertklässler sich mit ihm unterhalten. Er schnappt sich ein Kissen und lehnt sich genüsslich an die Wand. »Also, die Geschichte geht so: Edgar war der Diener eines Grafen in einem alten Schloss. Er verliebte sich in die Tochter des Grafen und die Tochter in ihn. Aber eines Morgens war Edgar für immer verschwunden.«

»Was war mit ihm?«, fragt Malte leise.

»Der Graf hatte ihn bei Nacht und Nebel entführt und auf dem Dachboden des Schlosses eingesperrt«, raunt Lennart. »Dort ließ er ihn zuerst verhungern und dann köpfen.«

Lennart macht eine Pause. Niemand der anderen sagt auch nur einen Piep. Es ist so still im Zimmer, dass man den Wind ums Haus heulen hört.

»Das war's?«, fragt Ella schließlich.

Lennart grinst. »Seitdem spukt Edgar jede Nacht auf dem Dachboden herum, um seinen Kopf zu suchen«, sagte er. »Und wenn ihm jemand begegnet, dann …«

Doch was dann ist, erfahren Ella, Malte und Ida leider nicht. Denn Ida bekommt einen Niesanfall und es ist gar nicht daran zu denken, dass Lennart bei dem andauernden *Hatschi* weitererzählen kann.

Als sich Ida endlich wieder beruhigt, gackert Lennart los. »Ida hat eine Gruselallergie!«, ruft er.

»Blödmann, ich hab eine kleine Erkältung«, zischt Ida. »Ich grusle mich doch nicht wegen so einer popeligen Geschichte!« Was sie aber eigentlich doch tut, nur das will sie vor Ella nicht zugeben. Und vor Lennart auch nicht, der mit seiner Gruselgeschichte, die er oh wie toll von einem Viertklässler gehört hat, so angibt.

»Dann können wir ja mal auf den Dachboden gehen und nachsehen, ob wir den Kopf vom kopflosen Edgar finden«, schlägt Lennart grinsend vor.

»Aber wieso sollte der ausgerechnet auf unserem Dachboden sein?«, fragt Malte.

»Wer sich nicht traut, kann ja hierbleiben«, sagt Lennart, während er zur Tür geht.

»Und ob wir alle mitgehen!«, sagt Malte und sieht Lennart herausfordernd an. »Das heißt, wenn du dich traust!«

Da haben sich alle gegenseitig versichert, dass sie sich kein bisschen fürchten und natürlich zusammen auf den Dachboden gehen, um nachzusehen.

Im Treppenhaus begegnet ihnen dummerweise Herr Schlussnuss. Mit einem Handstaubsauger bearbeitet er den Fußabstreifer vor seiner Tür. Mimi und Püppi, seine beiden Katzen, beobachten das Ganze gelangweilt vom Flur aus. Lennart, Ella, Ida und Malte wollen so schnell wie möglich an ihm vorbei, damit er erst gar keine Gelegenheit hat, sich mit ihnen über schmutzige Fußabstreifer oder sonst irgendeine Unordnung hier im Haus zu unterhalten.

»Hallo«, sagt Ida, da stellt sich Herr Schlussnuss ihnen schon mit ganzer Breite in den Weg.

»Na, wo geht's denn hin?«, fragt er.

»Nach oben«, sagt Lennart ehrlich. Wenn Herr Schlussnuss nicht so streng geguckt hätte, hätten Ida, Malte und Ella glatt gelacht, so witzig klang das.

»Ach, und wo ist der kleine Carducci?«, brummt Herr Schlussnuss. Er muss immer alles wissen, als ehemaliger Polizist liegt einem das vermutlich im Blut.

»Bruno kommt bald«, sagt Ella höflich. »Wir wollen bloß kurz auf den Dachboden.«

Herr Schlussnuss verschränkt seine Arme vor der Brust.

»So!«, schnaubt er, wobei sein Schnurrbart gefährlich bebt. »Und was habt ihr auf dem Dachboden zu suchen?«

Das war's, Ende des geplanten Abenteuers. Vom kopflosen Edgar brauchen sie Herrn Schlussnuss ganz sicher nicht erzählen.

»Äh … aufräumen«, fällt da Ida zum Glück ein. »Es ist wirklich sehr unordentlich dort oben und überall sind Spinnweben und Staub.«

Das Wort *aufräumen* wirkt bei Herrn Schlussnuss wie ein Zauberwort. Schon im nächsten Moment sieht er viel freundlicher aus. Die Falten auf seiner Stirn verschwinden und sein Gesicht ist weniger rot.

»Bravo«, sagt er und tritt zur Seite. »Das ist mal eine lobenswerte Idee.«

Auf dem Dachboden hört man den Wind noch lauter heulen. Malte drückt den Lichtschalter, doch die Neonröhre an der Decke scheint kaputt zu sein. Sie flackert bloß unentwegt und taucht den Raum abwechselnd in funzeliges Licht und Dunkelheit.

»Das ist ja wie in der Geisterbahn«, sagt Malte und lacht angestrengt.

»Echt, warst du schon mal in einer?«, flüstert Ida bewundernd. »Das würd ich mich nie trauen.«

»Ich auch nicht«, antwortet Malte leise. »Aber sag's Lennart und Ella nicht, die fürchten sich irgendwie vor gar nichts.«

»So?«, fragt Ida. »Das wollen wir mal sehen. Komm, ich hab eine Idee.«

Und während Ella und Lennart durch den mit allen möglichen Sachen vollgestellten Dachboden stöbern und so Dinge sagen, wie: »Das ist ja überhaupt nicht gruselig hier!« und »Guck mal, was für niedliche Spinnen!« oder »Genau der richtige Ort für eine Übernachtungsparty!«, da tauchen vor ihnen auf einmal wie aus dem Nichts zwei schwebende weiße Geister auf.

»Sucht ihr den Kopf vom kopflosen Edgar?«, fragt einer der Geister mit heiserer Stimme.

»Wisst ihr nicht, was dann mit euch passiert?«, poltert der andere Geist.

Ella und Lennart stehen stocksteif da, als die beiden Geister im flackernden Neonlicht vor ihnen umhertanzen.

»Äh … nö«, stammelt Lennart und stolpert einen Schritt rückwärts. »Wir … wir wollten … gerade wieder gehen.«

Er nimmt Ellas Hand und will sie schon mit sich ziehen … als plötzlich der linke Geist niesen muss. Ein Niesen, wie das, das Ella und Lennart vor Kurzem erst gehört haben.

»Ida, Malte!«, ruft Ella lachend und zieht den beiden die Betttücher vom Kopf. »Habt ihr uns einen Schreck eingejagt.«

»Von wegen«, sagt Lennart beleidigt. »Ich hab gleich gewusst, dass ihr es seid.«

»Ach ja?«, fragt Ida.

Da rumpelt es hinter ihnen und ein knarzendes Geräusch lässt allen die Haare zu Berge stehen.

»Der kopflose Edgar«, keucht Lennart. »Dort hinten!«

»Blödsinn«, sagt Ella. »Kommt, wir schauen nach, was es war.«

»Auf keinen Fall werden wir das!«, flüstert Malte.

Ida schüttelt stumm den Kopf.

»He, Mann, hier seid ihr«, hallt da eine Stimme durch den Dachboden. »Ich hab ewig gebraucht, um euch zu finden!«

»Bruno!«, rufen alle einstimmig und fangen vor lauter Erleichterung ausgelassen zu lachen an. So laut, dass sich der kopflose Edgar – also, wenn er hier tatsächlich irgendwo war – inzwischen bestimmt erschrocken in den hintersten Winkel des Dachbodens verkrochen hat.

Tante Tanne hat Liebeskummer und Malte verwünscht den Herbst (aber nur ein bisschen)

Aufgeräumt und geputzt haben Ida, Ella, Malte, Lennart und Bruno den Dachboden nach dem Geisterabenteuer dann doch nicht. Denn eigentlich war es schon ziemlich ordentlich dort oben, fanden sie. Und woher sollte Herr Schlussnuss wissen, dass es nicht an ihnen lag? Wenn er mit seinem dicken Bauch überhaupt jemals bis zum Dachboden hinaufsteigen würde.

Ella und Malte haben sowieso alle Hände voll zu tun, denn heute kommt Tante Tanne zu Besuch. Den ganzen Vormittag sind sie mit Mama und Papa schon am Aufräumen und Putzen.

Tante Tanne heißt nicht wirklich Tanne, klar, wer heißt schon wie ein Baum? Aber Malte hat als kleines Kind immer Tanne statt Tante gesagt. Heute kann Malte zwar längst *Tante* sagen, den Namen hat Tanne aber trotzdem behalten.

»Können wir nicht putzen, wenn sie wieder fort ist?«, jammert Malte. »Das wäre doch viel schlauer. Außerdem muss ich jetzt ganz dringend mit Lennart zu Bruno, um Brunos neues Computerspiel auszuprobieren.«

Mama schüttelt entschieden den Kopf. »Tante Tanne soll es schön bei uns haben«, sagt sie. »Zu Bruno kannst du nachher, da hat er sein Spiel sicher immer noch.«

Natürlich hat er sein Spiel dann immer noch, denkt Malte

eingeschnappt, aber Lennart und Bruno haben dann schon alle Tricks herausgefunden und er wird sich endlos blamieren. So schnell er kann, wischt er den Staub vom Bücherregal. Eigentlich freut er sich auf Tante Tannes Besuch. Sie ist echt cool und für jeden Blödsinn zu haben. Das liegt daran, dass sie keine Kinder hat, sagt Mama. Was Malte seltsam findet, denn eigentlich müsste es doch genau umgekehrt sein: dass man Blödsinn macht, gerade wenn man Kinder hat.

»Komm, ich helfe dir«, sagt Ella.

Malte ist platt und kann sein Glück gar nicht fassen. »Echt?«, fragt er vorsichtig, für den Fall, dass er sich verhört hat.

Doch Ella nickt. »Wenn du Ida und mir dafür eine Woche lang dein Longboard leihst.«

»Was?«, ruft Malte aufgebracht. »Bist du nicht ganz dicht?«

»Es liegt bei dir«, sagt Ella gespielt gleichgültig, wobei sie sich ausführlich das ganze Bücherregal von der linken bis zur rechten Wohnzimmerwand beguckt.

»Das ist höchstens einen Tag wert«, sagt Malte.

»Fünf«, sagt Ella und grinst.

»Drei Tage und keinen mehr«, knurrt Malte. »Aber wehe, ihr macht was kaputt!«

So ist es gekommen, dass Malte zwanzig Minuten später zu Bruno hochstürmt und dank Ella fast gar nichts versäumt hat. Ella muss natürlich auch noch ihren eigenen Putzauftrag erledigen, aber dann ist sie wie der Wind mit dem Longboard zu Ida runter und jetzt kurven beide abwechselnd über den Hof. Wobei eiern wohl das bessere Wort dafür ist. Denn so gut wie Malte sind sie lange nicht.

Mittags holt Frau Sonntag Tante Tanne vom Bahnhof ab. Weil Tante Tanne kein Auto hat, wegen der Umwelt, und teuer ist es obendrein, wie sie sagt.

Als Ella die beiden den Holunderweg entlangkommen sieht, lässt sie das Longboard in das kleine Rasenstück am Weg rollen und läuft ihr entgegen. »Tante Tanne!«, ruft sie.

»Ella, mein Liebes!« Tante Tanne umarmt Ella ausgiebig. Aber irgendwie nicht so doll wie sonst. Da wirbelt sie Ella nämlich zur Begrüßung immer himmelhoch im Kreis.

»Ella, lass Tanne mal nach oben gehen«, sagt Mama. »Sie muss sich erholen.«

Erholen? Tante Tanne? Ella könnte sich totlachen. Tanne ist nie müde! Doch diesmal ist sie tatsächlich irgendwie anders. Sie sagt fast kein Wort, obwohl sie sonst wie ein Wasserfall erzählt. Den ganzen Nachmittag kauert sie auf dem Sofa, sieht fern (wozu sie normalerweise keine zehn Pferde bringen) und löffelt becherweise Eis in sich hinein. Sie guckt alle zehn Sekunden auf ihr Handy und legt es dann seufzend wieder neben sich. Bestimmt merkt sie nicht mal, wie toll Malte und Ella extra für ihren Besuch geputzt und aufgeräumt haben.

»Bekommst du ein Baby?«, platzt Ella auf einmal heraus. Wenn man ein Baby bekommt, muss man sich nämlich ausruhen und isst tonnenweise Eis. Das weiß Ella sicher und ein Baby von Tante Tanne wäre die Neuigkeit des Tages. Doch Tante Tanne schüttelt den Kopf, fängt an zu schluchzen und ein unverständlicher Wortschwall bricht aus ihr heraus.

»Tanne hat Liebeskummer«, erklärt Mama. »Die Arme ist ganz durcheinander.«

Liebeskummer. Das Wort summt Ella in den Ohren. Es hört sich sehr erwachsen an. Wie etwas ganz Besonderes, das sie später auch einmal haben wird, wenn sie groß ist. Allerdings, wenn Ella sich Tante Tanne so ansieht, glaubt sie nicht, dass sie einmal Liebeskummer haben wollen wird.

»Wir können dich ablenken!«, schlägt Malte Tante Tanne vor.

»Nee, lasst mal«, sagt Tanne. »Mich kann nichts ablenken.«

»Das wollen wir doch mal sehen«, sagt Ella. Sie guckt Malte verschwörerisch an, dann verziehen sich beide mit dem Telefon in den Flur.

Etwas später klingeln Oma und Opa.

»Wir wollen Malte und Ella zum Kartoffelklauben abholen«, sagt Oma und zwinkert Malte und Ella zu. Das ist nämlich Teil des Ablenkungsplans, den sie vorhin am Telefon miteinander ausgetüftelt haben.

»Und dich, Tanne, nehmen wir gleich mit«, sagt Opa.

»Lieber nicht«, sagt Tanne, doch dafür sorgt Oma schon. Sie packt Tanne in Mütze, Schal, Mantel und Stiefel und schiebt sie einfach zur Tür hinaus.

»Halt, ich brauche noch meinen Rucksack«, sagt Tante Tanne, und kurz meinen Ella und Malte, ein Blitzen in ihren Augen zu sehen.

Mit dem 950er Bus fahren sie am Stadtpark vorbei bis zur Endhaltestelle. Dann sind es noch ein paar Schritte und das Kartoffelfeld taucht auf. Der Wind bläst ihnen eisig entgegen und Opa zieht seinen bunten Schal fester, den er letztes Jahr von Malte und Ella zu Weihnachten bekommen hat. Außer ihnen sind noch andere Familien da, die in der Erde nach Kartoffeln buddeln. Am Eingang steht eine Holzbude wie im Sommer am Erdbeer- oder Himbeerfeld, in der ein Verkäufer sitzt.

»Festkochende Nicola«, liest Ella von dem Schild ab, das an der Bude hängt.

»So heißt die Kartoffelsorte«, sagt Oma. »Mir wären ja mehlige lieber gewesen.«

»Ieeh, mehlige Kartoffeln!« Malte verzieht das Gesicht. Doch Oma versichert ihm, dass mehlige Kartoffeln nicht aus Mehl sind, aber besonders gut, um Kartoffelbrei zu machen.

»Fünf Kilo kosten vier Euro und zwölfeinhalb Kilo kosten acht Euro«, sagt der Mann in der Bude gelangweilt und zeigt ihnen einen kleinen und einen großen Sack, den man selbst mit den Kartoffeln vom Feld füllen darf.

»Wir nehmen fünf Fünf-Kilo-Säcke«, sagt Opa und bezahlt für alle.

»Och, warum nicht den großen Sack?«, mault Malte.

»Und wie willst du den nach Hause tragen, du Schlauberger?«, gluckst Ella.

»Aber festkochende Nicola klingt so schön«, brummt Malte. »Davon kann man nie genug haben.«

»Mein Brüderchen ist verliebt!«, flötet Ella. Dann hält sie erschrocken inne und sieht Tante Tanne an. Weil man vielleicht nicht über Verliebtsein redet, wenn jemand Liebeskummer hat.

Doch Tanne lächelt. »In der Tat«, sagt sie. »Und zwar offenbar in eine Kartoffel.«

»Ich bin überhaupt nicht verliebt!«, wehrt sich Malte. Aber er ist froh, Tanne lächeln zu sehen.

»Bist du sehr traurig, Tanne?«, fragt Ella vorsichtig.

»Weißt du, Ella«, seufzt Tante Tanne. »Das mit den Jungs ist kompliziert.«

Ella zuckt mit den Schultern. »Die meisten Jungs sind doof, glaub ich.«

»Außer mir und Lennart und Bruno natürlich!«, prahlt Malte, während er Ella eine besonders große Kartoffel vor der Nase wegschnappt.

»Klar!«, ruft Ella. »Aber glaubt bloß nicht, dass Ida und ich mal einen von euch heiraten!«

»Oma und ich haben uns was überlegt«, sagt Opa da. »Heute Abend zünden wir bei uns im Garten ein schönes Lagerfeuer an und machen Folienkartoffeln.«

»Bruno, Lennart und Ida sind natürlich auch eingeladen«, sagt Oma und Opa nickt.

Was richtig nett von Oma und Opa ist, denn so ein Herbst- und Kartoffelfeuer sollte wirklich niemand verpassen. »Ach, ich Dussel, ich hab doch eine Überraschung für euch«, sagt Tante Tanne auf einmal und grinst Malte und Ella geheimnisvoll an, während sie tief in ihrem Rucksack kramt und schließlich zwei nagelneue Drachen herausholt. »Die hätte ich glatt vergessen …«

»Hättest du nie!«, rufen Ella und Malte gleichzeitig, denn wer Tante Tanne kennt, weiß, Überraschungen vergisst sie ganz sicher nie.

»Erwischt«, sagt Tante Tanne schmunzelnd. »Aber bei manchen Geschenken kommt es auf den richtigen Ort an. Bei euch im Wohnzimmer hättet ihr ja nichts damit anfangen können.«

Und weil man Kindern wirklich nicht so schöne Drachen

schenken darf, ohne sie auszuprobieren, steigen sie auf der Rückfahrt noch am Stadtpark aus.

»Hier ist ein guter Platz«, erklärt Opa, nachdem er sich auf der Wiese neben den alten Kastanien prüfend in alle Richtungen umgesehen hat.

Schnell packen Malte und Ella die Drachen aus, aber es ist gar nicht so einfach, die vielen Stangen und Schnüre richtig zusammenzubauen. Außerdem scheint der Wind einen irren Spaß dabei zu haben, die Anleitung immer wieder herumzuwirbeln.

»Ach, herrje«, seufzt Opa, während er sich über die Einzelteile beugt. »Früher hatten Drachen das alles nicht. Die waren aus Papier mit einer Schnur, das war's.«

Schließlich haben sie es aber doch mit vereinten Kräften geschafft und die Drachen sehen ganz genauso aus wie auf der Verpackung.

»Dann mal los!«, ruft Tante Tanne.

Eine Böe trägt die Drachen blitzschnell

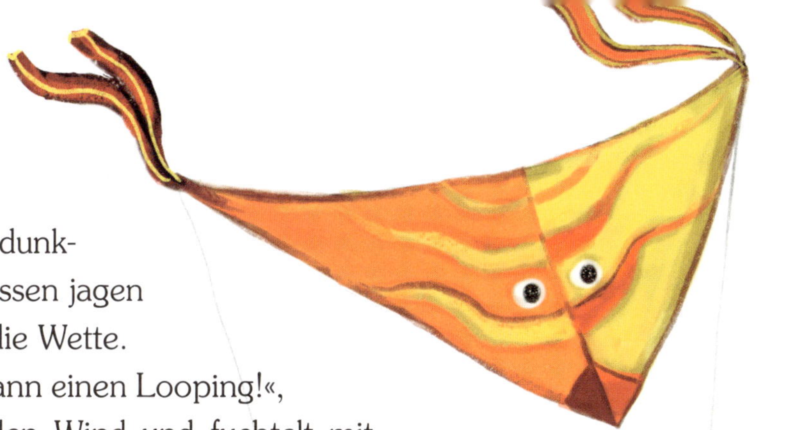

in den Himmel, fast bis direkt unter die dunklen Wolken. Ausgelassen jagen sie miteinander um die Wette.

»Schaut mal, ich kann einen Looping!«, brüllt Malte gegen den Wind und fuchtelt mit den beiden Lenkschnüren umher.

»Sieht eher wie ein Sturzflug aus«, zieht Ella ihn auf, als der Drachen bedrohlich nahe in Richtung Erde saust.

»Schnell, lass mich mal«, sagt Opa zu Malte. »Ich zeig es dir.«

»Du bist ja selbst noch wie ein Junge«, sagt Oma lächelnd zu Opa.

Opa grinst und wirft Oma einen Luftkuss zu.

»Achtung, nicht zu nah an die Bäume!«, ruft Tante Tanne und gibt wie wild Zeichen mit ihren Händen.

»Ach was, ich hab alles unter Kontrolle …«, ruft Opa noch, doch im nächsten Moment ist es passiert.

Und da jault Malte auch schon auf. »Mein Drachen!«, jammert er und zeigt nach oben. »Er hängt im Baum!«

»Wie konnte denn nur … das ist ja … also …«, stammelt Opa verlegen und wird puterrot. »Das … das … das war der Wind!«

»Na ja, Drachensteigen geht ja wohl nicht ohne Wind«, meint Oma kopfschüttelnd.

»Den bekomme ich da schon runter«, brummt Opa und schüttelt seine Faust, als ob er glaubt, dass der Drachen dann vor lauter Angst von selber runterkommt.

Aber sosehr sie auch an den Schnüren ziehen und Stöcke nach oben gegen den Ast werfen … der Drachen bleibt in der Baumkrone verfangen.

»Das ist ungerecht«, schimpft Malte unglücklich. »Bäume sind doof! Wind auch! Der ganze Herbst ist doof!«

Da hat Malte doch wirklich den Herbst verwünscht.

»Ich glaub, hier kann nur die Feuerwehr helfen«, sagt auf einmal eine dunkle Stimme hinter ihnen. Und das ist fast wie Magie, denn da kommen Artjom und Olga Hand in Hand über die Wiese geschlendert.

»Artjom!«, ruft Malte strahlend. »Olga! Was macht ihr denn hier?«

»Da haben wir aber Glück«, sagt Opa. »Die Feuerwehr persönlich.«

Was wirklich Glück ist: wenn man einen Drachen hat, der sich in einem Baum verfangen hat und jemanden von der Feuerwehr kennt. Dazu muss man wissen, dass Artjom natürlich mit Olga den Schreibwarenladen hat, aber daneben arbeitet er auch bei der freiwilligen Feuerwehr.

Den Drachen will Artjom allerdings erst am nächsten Tag holen, weil Olga heute Geburtstag hat. An so einem Tag kann Artjom nun wirklich nicht arbeiten. Noch dazu ist es inzwischen schon fast dunkel, und so ein schlimmes Unglück, dass die Feuerwehr sofort bei Nacht und Nebel ausrücken muss, ist so ein Drachen im Baum auch nicht. Selbst wenn Malte das glatte Gegenteil behauptet.

»Es ist sowieso höchste Zeit für das Lagerfeuer!«, ruft Opa, immer noch etwas verlegen und alle stimmen ihm zu. Denn von der vielen frischen Luft heute Nachmittag haben alle mächtig Hunger bekommen.

Pünktlich zum Abendessen sitzen sie, samt Bruno, Ida und Lennart, bei Oma und Opa im Garten und halten in Alufolie gewickelte Kartoffeln an langen Stöcken ins Feuer. Olga und Artjom sind auch mitgekommen, weil so ein Lagerfeuer auch für einen Geburtstag genau das Richtige ist. Oma hat ein paar Decken gegen die kühle Nachtluft bereitgelegt, doch das Feuer hält sie sowieso alle pudelwarm.

»Was für eine Nacht«, seufzt Tanne und blickt den roten Funken nach, die wie kleine Glühwürmchen durch die Dunkelheit flirren.

Als Artjom sagt, dass sie Olga unbedingt noch an den Ohren ziehen müssen, weil es ein russischer Geburtstagsbrauch ist, will Lennart natürlich als Erster dran sein.

»Für jedes Lebensjahr ein Mal«, gluckst Artjom und klatscht in die Hände. »Das bringt Glück!«

Olga muss längst rote Ohren haben, von dem ganzen Geziehe, doch in der Dunkelheit kann man das nicht so genau sehen, außerdem sind alle natürlich ganz vorsichtig. Olga sieht jedenfalls wie ein rundum glückliches Geburtstagskind aus. Sogar Tante Tanne lacht ein paarmal vergnügt. Da sind Malte und Ella wirklich froh, Tanne lässt sich eben von so einem bisschen blöden Liebeskummer nicht unterkriegen.

Erst als es schon ziemlich spät ist und nur noch ein kleines Häufchen Glut vor sich hin glimmt, machen sie sich auf den Rückweg in den Holunderweg.

»Am Ende bekommen wir noch Ärger mit euren Eltern«, sagt Tanne. »Nicht, dass mir das was ausmacht … aber ich bin hundemüde.«

Das sind Malte und Ella auch, schließlich war es harte Arbeit, Tante Tanne von ihrem Liebeskummer abzulenken.

Übrigens ist am nächsten Tag dann doch nicht die ganze Feuerwehr ausgerückt, um Maltes Drachen zu holen. Artjom ist mit Malte und einer ausziehbaren Leiter zur Stadtparkwiese gegangen und sie haben den Drachen befreit. Maltes Opa wollte es zwar selbst machen, weil er ja schließlich auch schuld an der Sache war. Aber Artjom meinte bloß zwinkernd: »Das ist Aufgabe der Feuerwehr. Versprochen ist schließlich versprochen!«

Als im Holunderweg eine echte Demonstration stattfindet

Im Holunderweg ist wirklich andauernd was los. Gerade wird vorne an der Kreuzung ein Bürohaus gebaut. Riesengroß mit einer Tiefgarage unten und jede Menge Stockwerken darüber. Bis in die Wolken hinauf. Weshalb es ja auch Wolkenkratzer heißt, wie Lennart sagt.

Als Lilli, Lennart, Ida und ihr Papa morgens beim Frühstück sitzen und über die tollen Bagger und den großen Kran und das tiefe Loch im Boden reden, taucht Frau Rosenbaum, Idas, Lennarts und Lillys Mama, im Schlafanzug auf.

»Himmel, Donner und Doria!«, stöhnt sie und reibt sich die Schläfen. »Wie soll man bei diesem Lärm schlafen?«

Und damit meint sie nicht Lennart, Ida, Lilly und Papa am Frühstückstisch, sondern den Baustellenlärm draußen. Sie hatte Nachtdienst und ist erst vor einer Viertelstunde ins Bett. Aber natürlich kann man den Bauarbeitern schlecht sagen, sie sollen leise arbeiten. Wie sollte das bei so einer großen Baustelle auch gehen?

»Ich hol dir Ohrstöpsel aus der Apotheke«, bietet Lennart eifrig an.

Mama schüttelt den Kopf. »Danke, das ist lieb. Aber dann kommst du zu spät zur Schule.«

»Och, das macht gar nichts!«, tönt Lennart und grinst. »Wirklich. Ist ja für ’nen guten Zweck.«

»Kommt nicht infrage«, sagt Mama amüsiert und wuschelt Lennart durch die Haare, weil er meint, dass sie ihn nicht durchschaut. »Vielleicht sollte ich in der Badewanne schlafen. Das Bad ist das ruhigste Zimmer in unserer Wohnung.«

»Au ja, ich will auch in der Badewanne schlafen!«, ruft Lilly sofort. »Bitte!«

»Ach, herrje«, seufzt Mama. »Das fehlt gerade noch.« Sie winkt und tappt gähnend zurück ins Schlafzimmer.

Für Ida, Lennart, Lilly und Papa ist es jetzt höchste Zeit. Ida und Lennart müssen in die Schule, Lilly muss in den Kindergarten und Papa zur Arbeit. Irgendwie kommt es fast jeden Morgen so weit, dass sie zur Haltestelle rennen müssen, damit ihnen der Bus nicht vor der Nase wegfährt.

Im Treppenhaus warten schon Ella, Malte und Bruno.

»Wo bleibt ihr denn?«, fragt Bruno und dann stürmen sie alle zusammen aus dem Haus. Vor der Tür schlägt ihnen der Auspuffgeruch einer langen Autoschlange entgegen, die im Schritttempo den Holunderweg entlangkriecht.

»Was ist denn heute los?«, seufzt Papa.

»Bei dem Stau kommt unser Bus bestimmt zu spät«, sagt Ella.

Da hätte Lilly fast zu weinen angefangen, weil sie auf keinen Fall zu spät in den Kindergarten kommen will. Schon gar nicht wegen so einem blöden Stau. So schnell sie mit ihren kurzen Beinen kann, läuft und segelt sie an Papas Hand mit in Richtung Bushaltestelle.

Vor der Baustelle ist der Gehsteig gesperrt, ein Bagger buddelt einen langen Graben für irgendwelche Rohre und daneben versucht ein Lastwagen mit Anhänger rückwärts in die Baustelle einzubiegen. Da braucht man sich über die lange Autoschlange gar nicht zu wundern. Und eigentlich ist der Stau sogar ein Glück, denn so ist der Bus noch nicht da, als sie die Bushaltestelle erreichen.

»Haben Sie schon gehört«, sagt ein Mann. »Die wollen die ganzen Ahornbäume an der Baustelle fällen.«

»Ja, so stand es vorgestern im Stadtteilanzeiger …«, sagt eine alte Frau, die Ida und Lennart vom Sehen aus dem Hallenbad kennen. »Da muss man doch was dagegen tun.«

Idas und Lennarts Papa nickt, weil er noch völlig außer Atem ist. »Unbedingt … was tun«, keucht er.

»Sie sagen, dass die Baumaschinen sonst nicht vorbeikönnen«, erklärt der Mann. »Das ist doch Quatsch!«

»Das müssen wir dem Bürgermeister sagen«, schimpft Malte aufgebracht. »Der erlaubt das nie!«

»Das Mädchen hat recht«, sagt der Mann. »Das muss man der Behörde melden.«

Da hätte Malte am liebsten seine Mütze vom Kopf gezogen und dem Mann gesagt, dass er absolut kein Mädchen ist. Wie kann er so etwas Beknacktes sagen und dann auch noch vor Lennart und Bruno? Aber da hält der Bus vor ihnen und alle steigen ein.

Lilly sitzt wie immer auf Papas Schoß. Aber heute schlummert sie nicht noch ein wenig vor sich hin wie sonst, sondern guckt ganz furchtbar wütend. »Die armen Bäume!«, brummt sie. »Das dürfen die nicht … die armen Bäume!«

Das finden alle anderen auch. Vor allem, weil Lilly so süß aussieht, wenn sie wie ein Rohrspatz schimpft.

»Zum Klettern taugen sie zwar nicht«, meint Lennart. »Aber mit Bäumen sieht unsere Straße viel schöner aus.«

»Genau, sonst guckt man ja überall nur auf dumme Hauswände«, sagt Malte.

Ida und Ella nicken.

»Wir überlegen uns was«, verspricht Papa. »Ich ruf nachher vom Büro aus ein paar Leute an, die sich damit auskennen müssten.«

»Außerdem, wo sollen dann im Winter die schönen Lichtersterne hängen, wenn alle Bäume verschwunden sind?«, fragt Lilly.

Und das stimmt – Weihnachten ohne Lichtersterne, das wäre wirklich schade.

Abends, kurz bevor Idas, Lennarts und Lillys Mama wieder zum Nachtdienst muss und sie alle zusammen beim Essen sitzen, sagt Papa: »Mir ist etwas eingefallen.«

»Ich hab's gewusst«, jubelt Lilly. »Jetzt kommt eine Papa-Idee!«

»Wir demonstrieren!«, erklärt er. »Wir veranstalten eine Baumrettungsdemo.«

Mama lächelt. »So wie früher, meinst du?«

Papa lächelt und gibt Mama einen Kuss. »Na ja, nicht mit allem Drum und Dran«, sagt er geheimnisvoll.

Was *Mit allem Drum und Dran* ist, weiß Lennart nicht. Aber was eine Demonstration ist, hat er schon mal in den Nachrichten gesehen. Und dass Mama Papa auf einer Demonstration gegen Atom kennengelernt hat (das war, bevor Lennart, Ida und Lilly auf der Welt waren), die Geschichte erzählen sie an jedem Hochzeitstag.

»Au ja, da setzen wir uns schwarze Mützen auf und werfen Wasserbomben«, sagt Lennart begeistert. »Ich hab noch welche von unserem Geburtstag.«

»Nein, nein, nein, das wird eine ordentliche Demonstration«, sagt Mama und schüttelt entschieden den Kopf. »Da bleiben Wasserbomben und schwarze Mützen schön zu Hause.«

»Wir reden noch mit den anderen im Holunderweg, ob sie mitmachen«, sagt Papa. »Maltes und Ellas Papa ist im Stadtrat, der weiß bestimmt, was man alles organisieren muss.«

»Und arbeitet der Bruder von Herrn Kuse nicht beim Landratsamt?«, fragt Mama, während sie in den Mantel schlüpft und sich die Lippen anmalt. »Der könnte uns doch auch helfen.«

Da meldet sich Lilly zu Wort. »Eins ist komisch«, sagt sie nachdenklich. »Wenn es hier so viele Ahornbäume gibt … wieso heißt der Holunderweg eigentlich nicht Ahornweg?«

Tja, das wussten Mama und Papa dann auch nicht. »Bestimmt haben sie den ganzen Holunder hier auch schon abgesägt«, sagt Ida.

Dann bringt Lilly Mama vor die Haustür und winkt ihr hinterher, bis sie ins Auto steigt und losfährt.

»Bis morgen früh«, murmelt Lilly.

Als sie gerade wieder in die Wohnung verschwinden will, kommt Herr Schlussnuss mit einer Dose Linsensuppe aus dem Keller.

»Musst du noch nicht ins Bett?«, fragt er streng.

Lilly findet das eine dumme Frage, wo doch noch nicht mal das Sandmännchen im Fernsehen war. Aber sie schüttelt nur den Kopf, denn gerade ist ihr etwas Fabelhaftes eingefallen, eine echte Lilly-Idee.

»Du, Herr Schlussnuss«, sagt Lilly und strahlt ihn so nett an, dass er davon weiche Knie bekommen muss. »Du weißt sicher, dass sie die Ahornbäume hier absägen wollen.«

Herr Schlussnuss nickt brummend und schließt seine Wohnungstür auf. Sofort strecken Mimi und Püppi, seine beiden Katzen, neugierig ihre Nasen durch den Türspalt.

»Es ist nämlich so«, sagt Lilly und flüstert es fast, weil es so geheim ist. »Wir brauchen einen Verbieter.«

»Einen was?«, fragt Herr Schlussnuss verwirrt und stolpert fast über Mimi. Oder ist es Püppi? Lilly kann die beiden einfach nicht auseinanderhalten.

»Na, jemanden, der es verbietet, dass die Bäume gefällt werden«, erklärt Lilly. »Und Verbieten kannst du doch bestimmt gut.«

Da sieht Herr Schlussnuss auf einmal ganz traurig aus. »Das kann ich nicht verbieten«, sagt er leise. »Wenn ich noch im Dienst wäre, dann vielleicht …«

Und da tut er Lilly leid, wie er so mit hängenden Schultern vor seiner Tür steht. Sie überlegt, ob sie seine Hand nehmen soll, weil das meistens tröstet. Aber so gut kennt sie Herrn Schlussnuss nun doch nicht.

»Du musst nur ein wenig schwindeln«, sagt Lilly lächelnd. »Du sagst einfach, dass du immer noch Polizist bist.«

Da fängt Herr Schlussnuss auf einmal an zu lachen. Lilly guckt verwirrt zu ihm hoch, denn das passiert wirklich nicht alle Tage. Und dann kommt es noch besser: Herr Schlussnuss verspricht, dass er ganz bestimmt ein kleines bisschen zur Demonstration am Sonntag kommen wird. Das kann nicht schaden, meint er, schließlich sind Bäume für alle wichtig. Da denkt Lilly, dass sie seine Hand vorhin vielleicht doch einen Moment hätte nehmen können.

Heute ist es endlich so weit. Fast das ganze Viertel ist auf den Beinen, sogar die alte Frau Bayer und natürlich auch Herr Kuse und Nina Süßmilch mit Klein-Olli, die haben nämlich sofort Ja gesagt, als sie von der Baumrettung erfahren haben.

Malte, Lennart, Bruno, Ida und Ella laufen aufgeregt vor dem Haus herum. In zehn Minuten treffen sich alle am Marktplatz. Von dort aus wollen sie zusammen in einer langen Schlange zur Baustelle gehen. Viele Leute haben selbst gemalte Plakate dabei. Auch Maltes und Ellas Familie, Lennarts, Idas und Lillys Familie und Brunos Familie haben welche gebastelt. Da steht zum Beispiel *Mehr Grün in der Stadt – nicht weniger!* drauf oder *Mehr Bäume für frische Luft!* oder einfach nur *Rettet die Bäume!*.

Am Marktplatz hält Artjom in seiner Feuerwehruniform Wache und sogar die Polizei ist da, denn natürlich ist der ganze Holunderweg abgesperrt. Bei einer Baumrettungsdemo haben Autos nun wirklich nichts verloren.

»Woher weiß die Polizei und die Feuerwehr von unserem Demonstradingsda?«, fragt Lilly verblüfft.

»Ist doch klar«, tönt Lennart, dabei hat er es bis vor Kurzem selbst noch nicht gewusst. »Demonstrationen muss man vorher beim Bürgermeister anmelden und eine Erlaubnis bekommen.«

»So was Dummes«, murmelt Lilly. »Dann ist es doch keine Überraschung mehr!«

»Bestimmt ist es so, damit der Bürgermeister auch Zeit hat, zur Demo zu kommen«, überlegt Ida.

»Genau, Bürgermeister haben ja wirklich eine Menge zu tun«, sagt Bruno.

»Und eine Baumrettungs-Demo ohne den Bürgermeister … das wäre ziemlich schade«, meint Ella.

Ella und Ida sagen jetzt nur noch *Demo* statt *Demonstration*, so wie Leute, die sich auskennen.

»Eben«, sagt Malte. »Schließlich muss der Bürgermeister doch sagen: *Aus, basta, Schluss, die Bäume bleiben da*.«

In letzter Minute kommen dann auch noch Brunos Eltern mit der kleinen Anna im Kinderwagen angerannt und hinter ihnen tatsächlich Herr Schlussnuss, wie er es Lilly versprochen hat.

»Fast hättest du den Anfang verpasst!«, ruft Lilly ihm zu und genau in diesem Moment gehen alle los.

»Rettet die Bäume – unsere Bäume sollen leben!«, hört man gleich darauf jemanden rufen.

»Mehr Grün in der Stadt!«, ruft ein anderer und dann rufen es immer mehr und halten ihre Schilder in die Höhe. Sie gehen mitten auf der Straße, dort, wo sonst Autos fahren und neuerdings vor der Baustelle stinkigen Stau machen.

»Jetzt machen wir einen Stau!«, ruft Lilly ausgelassen und hopst wie ein Flummy auf und ab. »Einen Fußgängerstau nämlich!«

Und wer sich bisher noch nicht getraut hat, *Rettet die Bäume!* oder etwas anderes zu rufen, den hat sie jetzt auf alle Fälle mit ihrer Begeisterung angesteckt.

Laternenlaufen, der große Schwur und noch mal der kopflose Edgar

Heute ist endlich der 11. November. Martinstag. Laternentag. Alle-spazieren-singend-mit-Laternen-durch-die-Nacht-und-essen-Gänseplätzchen-Tag. Im Holunderweg 7 summt es wie in einem Bienenstock, die letzten Vorbereitungen laufen auf Hochtouren. Wäre man zufällig im Treppenhaus, würde man im Erdgeschoss Lennart hören, der die Schuhkiste wie ein Maulwurf durchwühlt und schimpft: »Wo zum Lämmergeier sind meine dicken Stiefel?« Und Ida, die übermütig meint, dass sie vielleicht Mümmel und Krümel zum Frühstück gegessen hätten.

Im ersten Stock würde man Malte hören: »Menno, ich finde nur einen roten und einen blauen Handschuh!« Und Ella, die darauf »Na, so ein Zufall, ich auch!« antwortet. »Wir sollten tauschen.«

Oben unterm Dach würde man den armen Bruno jammern hören: »Aber ich hab doch extra so gut aufgepasst!«. Weil seine Laterne beim Kerzen hineinstecken versehentlich eine kleine Beule bekommen hat.

Bei Nina Süßmilch und Klein-Olli ist alles still, weil Nina Süßmilch gleich nach ihrer Schicht Klein-Olli von der Tagesmutter abholt und sie von dort aus zum Marktplatz kommen, wo der Laternenzug startet.

Kurz vor fünf treffen sich Bruno, Ella, Malte, Ida, Lennart und Lilly vor dem Haus. Frau Rosenbaum hat ein langes Feuerzeug dabei, mit dem sie in allen Laternen die Kerzen anzündet. Was ziemlich praktisch ist, weil es doch immer eine ungeheure Fummelei ist, den Docht zu erwischen, und so verbrennt man sich die Finger nicht.

Zu guter Letzt muss Herr Sonntag, Maltes und Ellas Papa, noch mal kurz zurücklaufen, weil sie ihre Dose mit den Martinsplätzchen auf dem Flurtisch vergessen haben. Doch dann ist es endlich so weit, sie brechen auf.

Aus allen Straßen ringsum strömen Leute mit ihren Laternen auf den Marktplatz. Manche tragen auch Fackeln. Ein riesiges kunterbuntes Funkeln und Leuchten erfüllt den Platz, noch farbiger und schöner als die Buden zur Weihnachtszeit, und es werden mit jedem Moment mehr Laternenläufer.

»Von oben sehen wir bestimmt wie ein großer Stern aus lauter leuchtenden Punkten aus«, schwärmt Ella.

»Ach, es ist so schön«, seufzt Lilly. Wie ein rohes Ei trägt sie ihre Laterne vor sich her. »Mit echter Kerze«, erzählt sie stolz fast jedem, der ihr begegnet. Und das sind auf dem Marktplatz wirklich eine Menge.

»Dort kommen Klein-Olli und Nina«, sagt Ella und winkt den beiden zu.

»Sieh an, die Kinder vom Holunderweg«, tönt da eine tiefe Stimme hinter ihnen.

»Artjom!«, ruft Malte, als er sich umgedreht hat und in Artjoms lachendes Gesicht sieht. »Wie hast du uns in dem ganzen Gewühl denn gefunden?«

»Ich werde doch die schönsten Laternen der Stadt nicht übersehen«, sagt Artjom schmunzelnd. Dann zeigt er auf die Frau neben ihm, die, wie er, eine Feuerwehruniform trägt. »Meine Kollegin und ich passen auf, damit nichts passiert … es soll ja schon vorgekommen sein, dass auf einmal eine Laterne Feuer gefangen hat.«

»Echt?«, fragt Lennart und macht ein Gesicht, als könnte er sich das überhaupt nicht vorstellen.

Da prusten alle los, weil sie sich noch genau an letztes Jahr erinnern und an die verkokelten Überreste von Lennarts Laterne, nachdem er damit Schiffschaukel gespielt hat.

»Ich muss dann mal wieder auf meinen Posten«, sagt Artjom. »Viel Spaß euch!« Und im Gehen ruft er »Wir sehen uns später noch!« über die Schulter. Oder etwas Ähnliches, denn ganz genau kann man das in so einem Getümmel nicht verstehen.

Inzwischen hat es auch Frau Süßmilch mit Klein-Olli geschafft, sich bis zu ihnen durchzuschlängeln. »Puh, wir sind fast den ganzen Weg gerannt«, keucht sie atemlos. »… damit wir es noch rechtzeitig schaffen.«

»Sonne, Mond und Sterne«, brabbelt Klein-Olli und zeigt auf seine Laterne, auf die tatsächlich Sonne, Mond und Sterne geklebt sind.

»Es ist Klein-Ollis erster Laternenzug, den im letzten Jahr hat er in seinem Buggy komplett verschlafen«, erklärt Frau Süßmilch lachend.

»So wie Anna-Baby gerade«, sagt Bruno und zeigt auf seine kleine Schwester, die in einem Tragetuch unter dem Mantel von Brunos Mama selig schläft.

»Klein-Olli hat natürlich noch ein Alektrolicht«, erklärt Lilly.

Als das Fünfuhrläuten der Kirchturmuhr herüberdringt, marschieren sie alle mit ihren Laternen los. Die Kolumbusstraße vor und dann kurz nach Olgas und Artjoms Laden rechts zum Stadtweiher. Dort fahren keine Autos und es ist auch nicht so hell, wie zwischen all den Straßenlaternen und Schaufenstern. Genau richtig für einen Laternenzug!

Das erste Lied ist *Ich geh mit meiner Laterne*. Anfangs singen alle ein wenig durcheinander, aber dann klappt es, als hätten sie schon seit Wochen geprobt. Die Jungs versuchen natürlich, den Text auf O und I und A zu singen, wie damals beim

Plätzchenbacken. Aber drei Stimmen gegen so viele andere … da haben sie keine Chance, sosehr sie sich auch anstrengen.

Nachdem alle noch *Sankt Martin ritt durch Schnee und Wind* und *Durch die Straßen auf und nieder* gesungen haben, kommt der Umzug am Stadtweiher an. Dort, auf der schmalen Kiesbank, lodert ein großes Feuer in den dunklen Himmel und daneben wartet Sankt Martin auf seinem Pferd. Das Pferd ist etwas pummelig, aber wirklich sehr süß. Und wie in den Büchern hat Martin einen Helm auf dem Kopf, ein Schwert am Gürtel und natürlich den roten Mantel um die Schultern.

»Der hat ja einen roten Handfeger auf dem Helm!«, ruft Lilly.

»Blödsinn, solche Helme haben die römischen Soldaten damals gehabt«, sagt Bruno, und Bruno kennt sich aus, schließlich hat er bestimmt noch keine einzige Folge von der Sendung mit der Maus verpasst.

Nach und nach versammeln sich alle ums Feuer, dessen helle Flammen und glühende Funken mit den vielen Laternen um die Wette leuchten. Lilly steht mit ihrem Papa sogar in der ersten Reihe, und als Sankt Martin einmal im Kreis reitet, während alle noch mal das Martinslied singen, kann Lilly das Pferd sogar einen klitzekleinen Moment lang berühren.

»Wir könnten reiten lernen«, flüstert Ida Ella zu. »Im Frühjahr.«

Ella nickt und hebt einen blauen Handschuhdaumen in die Höhe. Was so viel wie »abgemacht« heißt.

Dann hält Martin vor dem Bettler an, der natürlich nur ein Schauspieler ist, aber trotzdem ein armer Mann. Weil er nämlich bei der eisigen Kälte die ganze Zeit keinen Mantel anhaben darf, damit Martin ihm jetzt seine Mantelhälfte geben kann. So wie es damals eben gewesen ist. Das Pferd schnaubt weiße Atemwölkchen in den Nachthimmel und schlägt gelangweilt den Schweif hin und her, während es wartet, bis Sankt Martin seinen Mantel teilt.

Schließlich ist es so weit und Martin legt dem Bettler den halben Mantel um. Alles ist gut. Der Bettler muss nicht mehr frieren und alle anderen sowieso nicht, weil sie ja dicke Jacken anhaben und sich noch dazu am Feuer wärmen. Dann gibt es endlich Martinsplätzchen. Jeder, der eine Dose davon mitgebracht hat, reicht sie an andere weiter, bis schließlich alle kauend miteinander schwatzen und lachen. Wobei man nicht extra sagen muss, dass die Martinssterne, -monde und -pferde aus einer gewissen Backstube im Holunderweg 7 natürlich besonders beliebt sind. Immer wieder klingt das eine oder andere Martinslied durch die Nacht. Wenn man genau hinhört, ist manchmal auch eins dabei, in dem besonders viele As oder Os oder Is vorkommen.

Erst als es schon richtig spät ist, das Feuer fast heruntergebrannt ist und die meisten Laternen erloschen sind, gehen die Ersten nach Hause.

»Ach, das war ein schöner Martinstag«, seufzt Ida zufrieden. »… und überhaupt ein schöner Herbst!«

»Das kommt daher, weil wir eben immer so spannende Sachen machen!«, sagt Lennart.

»Ja, wir wollen noch tausend spannende Sachen im Leben machen!«, sagt Ella und da sind sie sich alle absolut einig.

»Wir könnten eine Expedition zum Mars machen!«, schlägt Bruno vor.

Lennart nickt. »Oder einen Schatz finden.«

»Wir könnten berühmt werden!«, trompetet Malte.

»Oder eine tolle Erfindung machen«, sagt Ella begeistert.

»Ich will auf alle Fälle mal ein richtig gefährliches Monster zähmen«, sagt Ida.

Und vielleicht hätte Lennart sonst darüber gelacht, doch heute Abend sagt er: »Au, ja, das machen wir – gleich morgen!«

»Ach, wir werden niemals langweilig sein«, sagt Ella froh.

»Genau, auch nicht, wenn wir erwachsen sind«, betont Bruno.

»Kommt, wir schwören es«, schlägt Lennart vor. Und dann wird es richtig feierlich, als er mit einer Stimme, von der man Gänsehaut bekommt, sagt: »Wir schwören … dass wir niemals langweilig sein werden!« Er sieht ernst in die vom Rest des Feuers beleuchteten Gesichter der anderen. »Wir schwören es beim schaurigen Edgar.«

»… beim schaurigen Edgar«, sprechen ihm Ida, Ella, Malte und Bruno nach.

Und damit es für alle Ewigkeit beschlossene Sache ist, springen sie zusammen mit Anlauf Hand in Hand über die Glut des Martinsfeuers.

Die Adventskalender-Panne

Heute Morgen sind im Holunderweg 7 alle Kinder blitzschnell aus den Betten. Sogar Malte, der normalerweise mindestens dreimal geweckt werden muss, bis er aus den Federn kommt. Denn heute ist der 1. Dezember und da darf man endlich das erste Adventskalendertürchen öffnen.

»Nur noch vierundzwanzig Tage«, flüstert Malte aufgeregt, während er mit Ella an Mamas und Papas Schlafzimmer vorbei ins Wohnzimmer schleicht.

»Nur? Das dauert noch *eeewig*«, flüstert Ella zurück und muss grinsen, weil Malte in seinem roten Schlafanzug wie ein Miniweihnachtsmann aussieht.

Warum sie so leise sein müssen? Na, damit Mama und Papa nichts merken, die beiden sollen nämlich diesmal auch einen Adventskalender bekommen. Malte und Ella haben kleine Geschenke gebastelt, die sie in Säckchen gesteckt haben und nun an den Adventskranz binden, der an breiten goldenen Bändern über dem Esstisch hängt. Vier Säckchen für Mama und vier für Papa.

Klar, eigentlich müssten *es* bis Heilig Abend vierundzwanzig

Säckchen sein – und zwar für jeden –, aber das wären zusammen achtundvierzig Geschenke und für zwei Kinder nun wirklich viel zu viel Arbeit. Deshalb haben sie beschlossen, dass Mama und Papa nur jeden Adventssonntag ein Säckchen öffnen dürfen. Aber dafür sind es auch besonders schöne Geschenke.

»Kinder haben vor Weihnachten echt viel zu tun«, stellt Ella fest, als sie den fertigen Eltern-Adventskalender begutachten. Durch die acht Säckchen ist der Adventskranz etwas aus dem Gleichgewicht gekommen und hängt nun leicht schief.

»Schrecklich viel zu tun!«, antwortet Malte stöhnend. »Adventskalender öffnen, Wunschzettel schreiben, Weihnachtsgedichte auswendig lernen, Plätzchen backen, Stiefel für den Nikolaus putzen, auf Geschenke warten ...«

»Zum Glück haben Eltern vor Weihnachten so viel Zeit«, sagt da Mama lachend hinter ihnen. Zusammen mit Papa steht sie in der Wohnzimmertür, jeder mit einem Adventskalender in der Hand – zwei große Sterne mit jeweils vierundzwanzig aufgeklebten Schächtelchen. Sie hängen die Adventskalender für Malte und Ella an die Wand – an dieselben Nägel wie jedes Jahr.

»Ihr bekommt auch einen Adventskalender«, sprudelt es aus Ella hervor und dann erklärt sie, wie der Elternkalender funktioniert. »Jeden Sonntag ein Geschenk.«

Mama und Papa bekommen feuchte Augen, so gerührt sind sie.

»Was für ein Glück, dass heute ein Adventssonntag ist«, sagt Mama.

»Da dürfen wir ein Säckchen aufmachen«, sagt Papa.

Und weil jetzt alle wirklich genug auf die Folter gespannt wurden, brüllt Malte: »Ran an die Kalender!« Was sich keiner zweimal sagen lässt.

In Mamas Säckchen ist ein niedlicher Tannenzapfenzwerg mit Wattebart, in Papas Säckchen ein Schaf aus Filz und in Ellas Schächtelchen glitzernde Schneeflockenaufkleber fürs Fenster.

Nur Malte zieht eine Schnute. »Bei mir ist nix drin«, murmelt er.

»Wie nichts?«, fragt Mama erschrocken.

»Das gibt's doch nicht«, sagt Papa. »Zeig mal.«

Doch Maltes Schächtelchen ist tatsächlich leer.

Da fällt Ella etwas auf. »Mann, Malte, du hast ja auch die Nummer 11 aufgemacht.«

Tatsächlich, statt dem Schächtelchen mit der Nummer 1 hat Malte das mit der Nummer 11 in der Hand.

»Kann doch mal passieren«, schnieft Malte beleidigt. »Trotzdem ist die Nummer 11 leer.«

»Tja, also das ist so …«, beginnt Papa stockend.

»Ähm …«, ergänzt Mama und wird fast so rot wie Maltes Schlafanzug. »Genaugenommen ist nur in den ersten sieben Schächtelchen etwas drin.«

»Waaas?«, fragen Malte und Ella gleichzeitig.

»Halb so schlimm«, sagt Papa. »Wir haben es einfach noch nicht geschafft, für alle vierundzwanzig Tage etwas zu besorgen.«

»Ja, Eltern haben vor Weihnachten eben auch so viel zu tun«, seufzt Mama. »Aber wir füllen die restlichen Schächtelchen alle in den nächsten Tagen auf.«

»Versprochen«, sagt Papa verlegen.

Papa und Mama gucken so bedröppelt, als hätte man sie beim Plätzchennaschen ertappt. Da können Malte und Ella gar nicht anders und lachen prustend los. Mama und Papa stimmen erleichtert mit ein und Malte öffnet schnell die Nummer 1, in der ein selbstleuchtender Stern für ihn ist.

Danach treffen sich alle Familien aus dem Holunderweg 7 im Treppenhaus im Erdgeschoss. Herr Kuse, der Hausmeister, hat einen riesengroßen Adventskranz an die Decke gehängt. Da hätten ohne Probleme für alle Hausbewohner vierundzwanzig Adventssäckchen daran Platz. Herr Kuse hüstelt nervös, als alle erwartungsvoll auf ihn schauen.

»Das sind bloß elektrische Kerzen«, erklärt er. »Damit nichts anbrennt.«

Alle nicken zustimmend, denn brennen soll es auf gar keinen Fall. Dann knipst Herr Kuse mit einer Fernbedienung die erste Kerze auf dem Kranz an. Und obwohl es ein elektrisches Licht ist, fühlen sie sich alle so feierlich, dass sie zusammen »Advent, Advent, ein Lichtlein brennt« singen. Was unglaublich schön klingt im Treppenhaus, auch wenn sich die Melodie mehr nach »Hopp, hopp, hopp, Pferdchen lauf Galopp« anhört.

Am Schluss bringen Lennart und Lilly alle zum Lachen, weil sie nach der letzten Strophe noch weitersingen: »… und wenn das fünfte Lichtlein brennt, dann hast du Weihnachten verpennt!«

Aber dass irgendjemand Weihnachten verschläft, wird im Holunderweg garantiert nicht passieren.

Der echte Knecht Ruprecht!

In den letzten Nächten ist es klirrend kalt gewesen. Malte, Bruno und Lennart wollen losziehen und nachgucken, ob das Eis auf dem Stadtweiher endlich dick genug ist, dass man Schlittschuh laufen und Eishockey spielen kann.

»Männer, seid ihr bereit für die Expedition Stadtweiher?«, fragt Lennart.

»Bereit«, sagen Malte und Bruno einstimmig.

Alle drei ziehen ihre Mützen tiefer ins Gesicht, vergraben die Hände in den Taschen und marschieren durch den eisigen Wind den Holunderweg entlang Richtung Stadtpark.

»Morgen kommt der Nikolaus«, sagt Bruno nach einer Weile.

»Ich sag dem Nikolaus, dass ich keine Zeit hatte, ein Gedicht zu lernen«, prahlt Malte und versucht vor Lennart und Bruno so cool wie möglich zu klingen. »… und keine Lust«, ergänzt er.

Lennart und Bruno nicken beeindruckt.

»Also ich plappere einfach alles Ida und Lilly nach«, erklärt Lennart und versucht, so gelangweilt wie möglich zu klingen. »Die Mädchen lernen immer was auswendig.«

Malte und Bruno klopfen ihm anerkennend auf die Schulter.

Als Nächstes winkt Bruno so lässig wie möglich ab. »Wenn mich der Nikolaus fragt, ob ich ein Gedicht kann, sag ich einfach: ›Advent, Advent, die Pudelmütze brennt!‹«

Da prusten alle drei los, weil das wirklich ziemlich frech ist.

»Und wenn er Knecht Ruprecht mitbringt?«, fragt Malte vorsichtig.

Darauf wissen Bruno und Lennart auch keine Antwort. Natürlich glaubt niemand, dass Knecht Ruprecht irgendwas Schlimmes macht, das sind alles nur Schauermärchen. Aber sie können auch gut auf ihn verzichten.

»Guckt mal!«, sagt Lennart stattdessen und zeigt nach vorne.

Auf dem Marktplatz blockiert ein Lastwagen den Weg. Zwei Männer laden einen Riesenberg Tannenbäume ab, tragen sie hinter einen Bauzaun und stellen sie in Metallständer. Nach und nach wächst hinter dem Zaun ein kleiner Wald aus Tannenbäumen.

»Cool, ein Weihnachtsbaumverkauf«, meint Bruno und sie gehen näher ran, um besser sehen zu können, was passiert.

»Hier gibt's nix zu gucken, ihr steht bloß im Weg«, fährt sie einer der Männer an. Unter einem verbeulten Schlapphut funkelt er die Jungs mit finsterem Blick über einen struppigen Bart hinweg an. »Der Verkauf fängt erst morgen an.« Dann stapft er weiter.

Malte hat Herzklopfen. »Er sieht aus wie Knecht Ruprecht«, flüstert er.

»Knecht Ruprecht verkauft doch keine Weihnachtsbäume«, sagt Lennart und kichert halbherzig. Oder doch? Ein bisschen unheimlich ist der Typ schon.

»Tief vom Wald, da komm ich her«, gackert Bruno los. »… verkaufe Weihnachtsbäume, bitte sehr …« Doch schon verstummt er.

Denn in diesem Moment ruft der Mann vom Lastwagen: »He, Rupert, das war's! Wir machen Feierabend.«

»Habt ihr gehört?«, keucht Malte atemlos.

»Er hat Rupert gesagt, nicht Ruprecht«, sagt Bruno.

»Tarnung«, erklärt Lennart mit ernster Miene. »Er muss doch geheim bleiben.«

Das leuchtet allen ein.

»Was machen wir jetzt?«, fragt Malte.

Alle drei sehen sich schulterzuckend an. Inzwischen sperrt

Rupert den Bauzaun rund um die Weihnachtsbäume mit einer Kette ab, nimmt einen Rucksack aus dem Lastwagen, schwingt ihn sich über die Schulter und ruft dem anderen Mann »Bis morgen!« zu.

»Wir beschatten ihn«, schlägt Lennart endlich vor.

»Genau«, stimmt ihm Bruno zu. »Wir kriegen raus, was er vorhat.«

»Uns kann er nicht täuschen«, sagt Malte. »Wir nehmen es mit jedem auf.«

Da rollt ein Taxi auf den Marktplatz. Der Fahrer lässt die Scheibe runter und winkt ihnen zu.

»Hey, Bilal!«, ruft Bruno. »Bist du jetzt Taxifahrer oder Briefträger?«

»Beides, ich verdiene mir was mit Taxifahren dazu«, erklärt er. »Und was macht ihr hier?«

»Wir beschatten Knecht Ruprecht«, platzt Malte hervor.

Bruno und Lennart werden knallrot, weil so was in ihrem Alter ja wohl ziemlich albern ist.

»Verstehe«, sagt Bilal, als wäre es das Normalste der Welt. »Ich hole hier einen Fahrgast ab.« Er deutet auf Knecht Ruprecht, der auf das Taxi zukommt. »Da ist er schon.«

»Na, euch drei hab ich doch vorhin schon gesehen«, sagt Knecht Ruprecht zu Malte, Lennart und Bruno. »Ich hab was für euch.« Er nimmt seinen Rucksack vom Rücken, öffnet die große Schnalle und holt drei Zettel heraus. »Kommt doch mal mit euren Eltern vorbei.«

Dann steigt er ins Taxi und Bilal fährt kurz hupend mit ihm davon.

Nachdem die drei gelesen haben, was auf den Zetteln steht, fangen sie an, ausgelassen zu lachen.

»Klar, dass er nicht der echte Knecht Ruprecht ist«, tönt Lennart übermütig.

»Haben wir doch gleich gewusst«, bestätigt Bruno lautstark.

»War ja nur ein Spiel«, kräht Malte erleichtert.

»Ich muss jetzt heim«, sagt Lennart.

»Hm, es ist schon spät«, sagt Bruno nach einem Blick auf die Uhr.

»Ich komm mit«, meint Malte. »Nach dem Eis auf dem Stadtweiher können wir ja auch noch morgen schauen.«

»Männer, seid ihr bereit?«, fragt Lennart.

»Bereit«, sagen Malte und Bruno einstimmig.

Dann ziehen alle drei ihre Mützen tiefer ins Gesicht, vergraben ihre Hände in den Taschen und marschieren los. Den Holunderweg entlang nach Hause … um schnell noch ein Nikolausgedicht auswendig zu lernen.

Was auf den Zetteln von Knecht Ruprecht stand?

Weihnachtsbäume supergünstig
direkt vom Holzknecht

ALLE GRÖßEN

Inhaber K. Rupert von Feist
Gutschein für eine Tasse Glühwein oder Punsch

Der Nikolaus kann einfach alles

Heute ist Nikolaustag und der Nikolaus kommt sogar höchstpersönlich in den Stadtpark. Also nicht der echte Nikolaus, denn der hat am 6. Dezember wirklich genug zu tun, aber Sammy, der Trainer vom Sportverein, wird ihn als Nikolaus verkleidet vertreten.

»Er ist schon fünf Minuten zu spät«, jammert Ida und reckt zum hundertsten Mal den Hals, um nach dem Nikolaus Ausschau zu halten.

Eine Menge Leute mit Kindern stehen dick eingemummt am Stadtweiher. Es ist so kalt, dass aus allen Nasen und Mündern kleine Atemwölkchen in die Luft puffen.

»Ich bin so hibbelig, ich glaub, ich hab Niko-Läuse«, kichert Bruno und springt wie vom Affen gebissen umher.

»Ich auch«, wiehert Lennart und fängt an, sich überall zu kratzen. »Ich kann gar nicht stillstehen!«

»Ob er mit dem Schlitten kommt?«, fragt Lilly sehnsüchtig.

»Ohne Schnee?«, fragt Ella. »Wie soll denn das gehen?«

»Der Nikolaus kann alles«, sagt Lilly strahlend und damit ist der Fall für sie erledigt.

Außer ihnen sind noch Brunos Mama mit Anna-Baby dabei, Maltes und Ellas Mama und Idas und Lennarts Papa. Natürlich dürfen auch Nina Süßmilch und Klein-Olli nicht fehlen, sogar Klein-Ollis Papa ist extra zu Besuch gekommen. Er hievt Klein-Olli auf seine Schultern, damit er besser sehen kann. Nur Herr Carducci, Herr Sonntag und Frau Rosenbaum müssen arbeiten und können leider nicht dabei sein. Weshalb Malte, wie er sagt, später einmal auf keinen Fall arbeiten will, weil die Chefs denken, Arbeit wäre wichtiger als der Nikolaus.

Auf einmal hört man aus der Ferne Glöckchen. Sie kommen schnell näher und immer näher und da taucht um die Kurve ein wild schnaubendes Pferd mitsamt dem Nikolaus auf.

»Er kommt mit einer Kutsche!«, ruft Ida.

»Sag ich doch«, sagt Lilly zufrieden. »Der Nikolaus kann alles.«

Als die Kutsche schließlich vor ihnen anhält, schüttelt das Pferd wiehernd die Mähne. Der Nikolaus winkt allen zu, zupft an seinem Bart und sagt seinen Nikolausspruch auf. Bei dem ganzen aufgeregten Getuschel am Stadtweiher kann man zwar nicht alles verstehen, doch das ist nicht so schlimm, weil den Nikolausspruch sowieso jeder kennt:

Von drauß' vom Walde komm ich her,
ich muss euch sagen, es weihnachtet sehr!
Allüberall auf den Tannenspitzen
sah ich goldene Lichtlein sitzen.
Und droben aus dem Himmelstor,
sah mit großen Augen das Christkind hervor.

Danach dürfen die Kinder endlich zum Nikolaus und sich ein Geschenk aus seinem Sack abholen. Sie müssen in einer ewig langen Schlange vor dem Pferdeschlitten anstehen. Um sich die Wartezeit zu vertreiben, singen alle »Lasst uns froh und munter sein«.

Das Gedicht von der brennenden Pudelmütze aufzusagen, traut sich Bruno dann allerdings nicht, als er vor dem Nikolaus steht. Aber es sind sowieso so viele Kinder, dass der Nikolaus gar keine Zeit hat, von jedem ein Gedicht zu hören.

Während alle ihre Geschenke auspacken, hört man von überall *Ahs!* und *Ohs!*. Nur Klein-Olli kuschelt sich traurig in Nina Süßmilchs Arm. Denn in seinem Päckchen war bloß eine ganz normale Packung Wäscheklammern aus Holz.

»Wie gemein!«, ruft Lennart entsetzt, als er es sieht.

»Wer macht denn so was?«, fragt Brunos Mama aufgebracht.

»Das ist doch kein Geschenk für ein Kind«, schimpft Lilly, womit sie absolut und hundertprozentig recht hat.

Als der Nikolaus mitbekommt, was passiert ist, winkt er Klein-Olli zur Kutsche zu sich.

»Ich glaub, da ist dem Helfer vom Nikolaus ein Fehler passiert«, brummt er unter seinem Nikolausbart hervor. Dann klopft er mit der Hand auf den Kutschbock neben sich und zum Trost darf Klein-Olli mit dem Nikolaus auf der Pferdekutsche eine Runde um den Stadtweiher drehen.

So was passiert einem wirklich nicht alle Tage! Es ist das allerbeste Geschenk von allen. Jedenfalls strahlt Klein-Olli den ganzen Nachhauseweg lang glücklich von einem Ohr zum anderen.

Als alle wieder im Holunderweg sind, trauen sie ihren Augen nicht.

»Ich glaub, ich spinn!«, ruft Lennart. »Der Nikolaus war bei uns!«

»Unsere Stiefel sind voll«, ruft Ella aus dem ersten Stock.

»Ich pack's nicht, bei mir auch!«, schallt Brunos Stimme aus dem zweiten Stock durchs Treppenhaus.

»Wir waren halt so brav, dass wir zweimal was bekommen«, kichert Lilly aufgedreht. Prompt steckt Herr Schlussnuss seinen Kopf aus der Tür. »Was ist denn das für ein Radau?«, fragt er. »Könnt ihr nicht das Telefon benutzen, um euch zu unterhalten?«

Mimi und Püppi, seine beiden Katzen, schnuppern am Fußabstreifer, als würden auch sie ein Geschenk vom Nikolaus erwarten.

»Aber Herr Schlussnuss«, sagt Lilly kopfschüttelnd. »Weißt du nicht mehr, wie es war, als der Nikolaus zu dir gekommen ist?«

»Zu mir?«, fragt Herr Schlussnuss entgeistert. Für einen klitzekleinen Moment huscht ein Lächeln über sein Gesicht, als würde er sich erinnern. »Papperlapapp«, sagt er schnell und kneift die Augen zusammen. »Was weiß denn ich vom Nikolaus?« Er lockt Mimi und Püppi in die Wohnung und zieht die Tür hinter sich zu.

Da kommt Klein-Olli an Nina Süßmilchs Hand die Treppe herunter. »Olli Niko bringt!«, schallt seine süße Stimme durchs Treppenhaus. Dann stellt er einen kleinen Schokonikolaus vor Herrn Schlussnuss' Tür.

Post an den Weihnachtsmann

Da kann man mal wieder sehen, wie gut es ist, Zeitung zu lesen. Sonst hätte Malte nie die Adresse vom Weihnachtsmann erfahren. Zwar liest Malte nur die Kinderseiten, aber genau da stand es: »Schicke dem Weihnachtsmann deinen Wunschzettel und erhalte garantiert Antwort.« Natürlich trommelt Malte sofort Lennart, Bruno, Ida und Ella im Treppenhaus zusammen.

»Ich schreib dem Weihnachtsmann«, prahlt er und fuchtelt mit einem Briefumschlag herum. »Und er wird mir sogar antworten.«

Lennart ist der Erste, der losprustet: »Dem Weihnachtsmann schreiben … das ist doch was für Babys!«

»Ja, dafür sind wir leider schon viel zu groß«, tönt Ella.

»Wie kann er denn jedem Kind zurückschreiben?«, überlegt Bruno.

»Dann wäre er ja bis Ostern beschäftigt«, kichert Ida.

»Also ich schreib dem Weihnachtsmann auf alle Fälle«, mischt sich Lilly ein, die von der Sache Wind bekommen hat und ihre Nase aus der Wohnungstür streckt.

»Ihr könnt ja machen, was ihr wollt«, sagt Malte. »Lilly und ich werden jedenfalls am Vierundzwanzigsten nicht ohne Weihnachtsgeschenke dastehen.«

Weil Weihnachten ohne Geschenke wirklich traurig wäre und das niemand von ihnen riskieren will, sagt Ella schließlich: »Okay, wir machen mit.«

»Aber nur zum Spaß«, betont Lennart, damit keiner auf die Idee kommt, er wäre doch noch ein Baby.

»Außerdem kann es nicht schaden«, meint Ida, die insgeheim von Anfang an dafür gewesen ist.

»Geschenke können nie schaden«, erwidert Malte aufgedreht.

Und auf einmal finden es alle ziemlich aufregend, dem Weihnachtsmann zu schreiben. Kurz darauf sitzen sie mit Stift, Papier und Briefumschlägen ausgestattet zusammen in Familie Rosenbaums Küche und tüfteln an ihren Wunschzettelbriefen.

»Ich wünsch mir ein Haustier«, verkündet Lilly und malt etwas, das wie eine Mischung aus Hund und Katze aussieht.

»Das erlauben Mama und Papa leider nie!«, sagt Ida.

»Deshalb frag ich ja nicht Mama und Papa, sondern den Weihnachtsmann«, beharrt Lilly.

»Ich wünsch mir ein Einrad«, erklärt Ella. »Und einen Helm und Schützer.«

Weil Ida findet, dass es schön wäre, wenn sie beide im Frühjahr im Hof Einrad fahren lernen würden, wünscht sie sich dasselbe. Sie sagt es nur nicht laut, weil die Jungs dann bestimmt blöde Witze reißen, von wegen Zwillingen und so.

»Ich wünsch mir ein Schlagzeug und ein rosa Laserschwert«, meint Malte und klebt seinen Briefumschlag mit dem Wunschzettel zu.

Aber als Lennart geplättet »Echt jetzt, rosa?« fragt und Bruno ihn sprachlos anstarrt, ist er sich nicht mehr ganz sicher, ob das eine gute Idee ist.

»Rosa ist toll«, ermuntert ihn Lilly und wirft den anderen einen bösen Blick zu.

»Genau, was habt ihr gegen Rosa?«, kichert Ida. »Habt ihr noch nie vom rosa Jedi-Ritter gehört?«

Malte grinst breit. »Ab sofort wird die ganze Welt vom rosa Jedi-Ritter hören.«

Lennart schluckt. »Okay, ich wünsch mir auch ein rosa Laserschwert«, sagt er dann. »Wir Jungs müssen schließlich zusammenhalten.«

Anschließend warten sie auf Bilal, denn Briefe an den Weihnachtsmann sind Vertrauenssache, die wollen sie lieber nicht in den Briefkasten stecken, sondern Bilal persönlich übergeben.

Zum Glück dauert es nicht lang und das gelbe Postauto hält vor dem Haus. Sofort stürmen die sechs aus dem Haus und umringen Bilal, dass er kaum aussteigen kann.

»Solche Spezialaufträge übernehme ich besonders gern«, versichert Bilal. »Vor allem von meinen Lieblingskindern aus dem Holunderweg 7.«

In diesem Moment spaziert aus dem Haus gegenüber Maike heraus. Sie war bei Frau Bayer putzen, weil Frau Bayer es alleine nicht mehr so gut schafft.

»Nanu?«, fragt Maike neugierig, als sie die Kinderschar um Bilal sieht. »Gibt's hier was umsonst?«

»Ein Spezialauftrag«, erklärt Bilal mit geheimnisvoller Stimme. »Post an den Weihnachtsmann.«

Nachdem Maike alles von den Briefen an den Weihnachtsmann gehört hat, fragt sie begeistert: »Was meint ihr … ob ich dem Weihnachtsmann auch schreiben darf?«

Darauf weiß keiner Antwort und alle sehen Malte an, weil *er* es schließlich in der Zeitung gelesen hat.

»Sag schon, dürfen ihm auch Erwachsene schreiben?«, fragt Ella.

Malte zuckt mit den Schultern. »Woher soll ich das wissen? Davon stand nix in der Zeitung.«

»Keine Chance«, behauptet Lennart und schüttelt den Kopf. »Das dürfen nur Kinder.«

»Ollerquatsch«, schnaubt Lilly. Dann guckt sie Maike ernst an und fragt: »Glaubst du denn an den Weihnachtsmann?«

»Natürlich«, sagt Maike. »Wer soll sich denn sonst um die vielen schönen geheimen Dinge in der Weihnachtszeit kümmern?«

»Eben!« Lilly nickt zufrieden über Maikes Antwort. »Dann darfst du ihm auch schreiben.«

Weil es dagegen nichts zu sagen gibt, sind es kurz darauf sieben Briefe, die Bilal höchstpersönlich ins Postamt bringt und auf den Weg zum Weihnachtsmann schickt. Und wer weiß, vielleicht hat er sich bei der ganzen Weihnachtsmann-Briefeschreiberei angesteckt und schreibt nach Feierabend auch noch einen Brief.

Die Wahrheit über Pfefferkuchen

Weihnachtsplätzchen sind eine gute Erfindung. Erstens schmecken sie lecker und zweitens macht Plätzchenbacken total Spaß. Mit mehreren macht Plätzchenbacken sogar noch mehr Spaß, weshalb Ida, Lennart, Bruno, Ella, Malte und Lilly alle um den Küchentisch von Familie Rosenbaum stehen und Plätzchenteig ausrollen. Es ist unglaublich, wie viel Teig man für sechs Kinder braucht.

»Wir backen so viele Plätzchen!«, sagt Bruno. »Die reichen mindestens bis Silvester.«

»Wir sind eine echte Plätzchenfabrik«, erklärt Lilly ernst.

»Ich finde, wir sollten allen im Haus ein paar Plätzchen bringen«, meint Ida. »Herr Kuse hat so viel Arbeit, da kommt er bestimmt nicht zum Backen.«

Doch dann fällt ihnen ein, dass jemand wie Herr Schlussnuss vielleicht gar nichts Süßes mag.

»Dann backen wir für ihn Pfefferkuchen«, schlägt Malte vor. »Unser Opa liebt Pfefferkuchen.«

Nur leider ist in Idas Kinderkochbuch kein einziges Pfefferkuchenrezept zu finden.

»Aber es sollen doch Plätzchen und keine Kuchen werden«, quengelt Lilly.

»Null Problemo«, behauptet Malte. »In den Plätzchenteig muss nur zusätzlich ein Teelöffel Pfeffer rein und dann stechen wir daraus Pfefferkuchenplätzchen aus.«

Das Ausstechen ist sowieso das Schönste am Plätzchenbacken. Neben dem Verzieren natürlich, aber das kommt erst am Schluss. Zusammen stechen sie unzählige Tannenbäume, Sterne, Monde, Herzen, Glocken, Rentiere und Engel aus. Na ja, Engel sticht eigentlich nur Lilly aus, sie will das Engelförmchen gar nicht mehr hergeben. Erst als Lennart verspricht: »Dann darfst du das erste Plätzchen probieren.«

Als es darum geht, die Backbleche mit den Plätzchen in den Ofen zu schieben und wieder herauszuholen, hilft Frau Rosenbaum, damit sich niemand die Finger verbrennt. Sobald die ersten Plätzchen abgekühlt sind, streichen sie Zuckerguss darauf und streuen bunte Zuckerperlen darüber. Zuletzt legen sie immer fünf Plätzchen in eine rote Serviette und binden sie oben mit einer Schleife zu. Herrn Schlussnuss' Pfefferkuchenplätzchen packen sie in eine grüne Serviette.

»Damit wir sie nicht mit den süßen Plätzchen verwechseln«, meint Ella.

Danach schwärmen sie durchs Treppenhaus und verteilen ihre Plätzchen. Bei Familie Carducci, Familie Sonntag und Familie Rosenbaum ist es am einfachsten, denn das sind sie ja selbst.

Herr Kuse ist leider nicht zu Hause, weshalb sie die Plätzchen vor seine Tür legen.

»Wie lieb von euch«, freut sich Nina Süßmilch. »Ich hab's bisher noch nicht geschafft, welche zu backen.«

Herr Schlussnuss guckt so grimmig wie immer. »Selbst gemacht, so so«, brummt er. »Da bin ich mal gespannt.«

Und weil man vor lauter Plätzchenbacken und Plätzchenduft einen Bärenhunger bekommt, setzen sich Ida, Lennart, Bruno, Ella, Malte und Lilly in Rosenbaums Küche zusammen und genießen ihre eigenen weltbesten Plätzchen.

Als Frau Rosenbaum hört, dass sie in Herrn Schlussnuss' Plätzchen extra Pfeffer hineingegeben haben, wird sie blass.

»In Pfefferkuchen gehört kein Pfeffer«, keucht sie. »Pfefferkuchen ist nur ein anderes Wort für Lebkuchen … Herrn Schlussnuss wird der Hals wie Feuer brennen.«

Jetzt werden Ida, Ella, Lennart, Malte und Bruno blass.

»Manchmal erfinden Erwachsene echt dumme Worte«, murmelt Malte. »Pfefferkuchen, in dem kein Pfeffer ist.« Aber das hilft ihnen jetzt auch nicht aus der Klemme.

»Beeilung!«, brüllt Lennart. »Wir müssen die Plätzchen zurückholen, bevor er …«

Schon sausen alle wie der Blitz ins Treppenhaus und klingeln ein zweites Mal bei Herrn Schlussnuss. Als er öffnet, sagt er keinen Ton sondern funkelt sie bloß stumm an, als wäre er ein Vulkan kurz vor dem Ausbruch.

»Ähm, wir hätten gern … die Plätzchen wieder«, stammelt Ella und wagt nicht, ihm in die Augen zu sehen.

»Uns ist da nämlich ein Fehler passiert«, springt ihr Ida bei.

»Ein Rezeptfehler«, ergänzt Lennart.

Herr Schlussnuss wird ziemlich rot und gibt ein Grunzen von sich, was nach der letzten Warnstufe vor dem Ausbruch klingt.

Da drängt sich Lilly nach vorne. »Wir haben nämlich extra Pfeffer für dich reingetan«, sagt sie mit ihrem strahlendsten Lächeln und dann erklärt sie, ohne Luft zu holen, wie alles gewesen ist, weil die Wahrheit manchmal das Beste ist. »Wir haben's nur gut gemeint«, beteuert sie am Schluss.

Da bricht der Vulkan, also Herr Schlussnuss, tatsächlich aus, nur sprudelt statt Lava polterndes Lachen hervor und schallt durchs Treppenhaus.

»… als Kind einmal … haha«, japst er. »… Sägespäne statt Mandeln … hihi … Bratäpfel …«

Ella, Ida, Malte, Lennart, Bruno und Lilly gucken sich unsicher an. Der arme Herr Schlussnuss ist völlig durcheinander. Vielleicht hat er die Pfefferplätzchen schon gegessen und einen Allergieschock? Sogar Mimi und Püppi haben sich vor Schreck verzogen.

Als sich Herr Schlussnuss wieder beruhigt hat und ihm nur noch ab und zu ein Kichern entwischt, wiederholt er alles in Ruhe. Nämlich, dass er als Kind einmal heimlich Sägespäne statt Mandeln in die Bratäpfel geschummelt hat und sein Opa sich dabei fast die Zähne ausgebissen hat.

»Das gab Ärger«, sagt Lennart anerkennend.

»Eine Woche Hausarrest«, bestätigt Herr Schlussnuss schmunzelnd und dann beichtet er, dass er süße Plätzchen auf alle Fälle mag. Weshalb Lilly natürlich sofort losläuft und welche für ihn holt.

Abends kommt Tante Tanne mit ihrem neuen Freund Karl Ove zu Besuch. Beide lachen Tränen, als sie von der Panne mit den Pfefferkuchen hören.

»In Norwegen ist es Pflicht, sieben Sorten Plätzchen zu backen«, erzählt Karl Ove.

Da schütteln Ella, Ida, Bruno, Malte und Lennart die Köpfe. Sie haben genug vom Plätzchenbacken ... zumindest für heute.

Ein Krippenspiel in letzter Minute

Jetzt sind es nur noch drei Tage bis Weihnachten. Als Ida und Ella für die Schulweihnachtsfeier noch mal »Kommet ihr Hirten« auf der Flöte üben, haben sie eine Idee. Sofort trommeln sie die anderen zusammen.

»Wir führen ein Krippenspiel auf«, erklärt Ida aufgedreht. »Und zwar am Vierundzwanzigsten, wenn sich alle aus dem Haus an der großen Tanne im Hof treffen.«

»Das wird total schön«, stimmt ihr Ella zu.

»Cool!«, brüllt Bruno.

»Die werden staunen!«, johlt Lennart.

»Wir müssen es aber geheim halten«, sagt Malte. »Das wird eine Riesenüberraschung!«

Und das kann man sich lebhaft vorstellen: wenn alle vor dem Haus zusammenstehen und sich auf Weihnachten und Geschenke freuen, und plötzlich Ida, Ella, Lennart, Malte und Bruno ein Krippenspiel aufführen.

»Wir fangen sofort mit den Proben an«, kräht Bruno.

»Zuerst müssen wir die Rollen verteilen«, meint Ida. »Ella kann Maria spielen.«

Womit alle einverstanden sind, weil Maria den meisten Text hat und Ella am besten auswendig lernen kann. Malte meldet sich sofort für den Ochsen und Bruno für den Esel. Was bestimmt schwierig wird, wenn die beiden im Stall so lange still nebeneinander stehen müssen. Jedenfalls fangen sie gleich an lautstark ihren Text zu üben, was durch all das »Iaah … muuh … iaah … muuh!« ein Mordsspektakel gibt.

Weil Ida eine Hirtin sein will, damit ihr Plüschschaf auch mitspielen kann, bleibt nur noch Lennart übrig, der Josef spielt.

»Ella und Lennart bekommen ein Baby«, gackert Malte, womit er Bruno sofort ansteckt.

»Lasst das«, pflaumt Ella ihn an. »Sonst spielt einer von euch die Maria.«

Bei der Vorstellung prusten alle los.

Da fliegt die Tür auf und Lilly steht mit leuchtenden Augen vor ihnen.

»Und was ist mit mir?«, fragt sie, denn scheinbar hat sie schon die ganze Zeit gelauscht.

»Du kannst das Jesuskind spielen«, schlägt Lennart vor.

»Auf keinen Fall!«, protestiert Lilly. »Ich zieh doch keine Windeln mehr an.«

»Sollst du doch auch nicht«, beschwichtigt Ida sie.

»Eben doch, ihr Doofis«, beharrt Lilly. »Weil es nämlich heißt, dass das Kindlein in *Windeln* gewickelt im Stroh liegt.«

»Stimmt«, sagt Ella grinsend. »Aber wir machen eine Ausnahme.«

»Überhaupt will ich nicht die ganze Zeit bloß in der Krippe liegen und schlafen«, schmollt Lilly. »Da sieht mich ja keiner.«

»Das Jesuskind ist die wichtigste Rolle«, erklärt Bruno, um Lilly zu ködern.

Lilly verschränkt bockig die Arme und schüttelt den Kopf. »Ich will lieber der Engel sein«, nörgelt sie und wer Lilly kennt, weiß, dass daran nicht mehr zu rütteln ist.

»Du bist aber ein ziemlich brummiger Engel«, lacht Lennart.

»Lass sie doch, dann spielt Anna-Baby das Jesuskind«, sagt Malte und ist richtig stolz auf seinen Einfall. »Anna-Baby ist ein Baby und sie hat Windeln.«

»Ich weiß nicht, ob das so eine gute Idee ist«, sagt Bruno, aber eigentlich meint er, dass er nicht weiß, ob seine Mama das für so eine gute Idee hält.

»Anna-Baby ist perfekt«, bestätigt Ida begeistert. »Sie schläft sowieso die meiste Zeit.«

So kommt es, dass alle zu Bruno nach oben flitzen und kurz darauf Anna-Baby auf Brunos Arm von ihrem Bettchen in Brunos Zimmer transportiert wird und in einem Wäschekorb im Stroh liegt.

Das Stroh haben sie von Mümmel und Krümel, Brunos Kaninchen, ausgeborgt. Natürlich nicht das benutzte aus dem Käfig, sondern nagelneues frisches aus der Vorratstüte. Auf der Tüte steht zwar »Bio-Wiesenheu« und nicht Stroh, aber so genau darf man es nicht nehmen, wenn man in letzter Minute ein Krippenspiel auf die Beine stellen will.

Zum Glück ist Anna-Baby ein echtes Naturtalent als Schauspielerin, denn sie schläft während der ganzen Probe von Anfang bis Ende. Na ja, nicht ganz bis zum Ende, sondern bis Brunos und Anna-Babys Mama ins Zimmer stürmt.

»Habt ihr Anna-Baby gesehen …?«, sprudelt es besorgt aus ihr heraus. Als sie Anna-Baby im Stroh im Wäschekorb liegen sieht, atmet sie erleichtert auf. Doch im nächsten Augenblick guckt sie Bruno vorwurfsvoll an und schimpft: »Deine Schwester ist doch kein Spielzeug!«

»Äh, also …«, stammelt Bruno. Denn natürlich kann er nicht sagen, das Anna-Baby kein Spielzeug ist, sondern die wichtigste Rolle im Krippenspiel spielt. Sonst wäre ja die ganze schöne Überraschung für den Vierundzwanzigsten futsch.

Da strampelt Anna-Baby ausgelassen mit Armen und Beinen und gluckst fröhlich, als wüsste sie, dass es um sie geht.

»Keine Sorge, wir haben gut auf Anna-Baby aufgepasst«, erklärt Ida.

»Na gut«, seufzt Brunos Mama beruhigt. »Aber sagt mir

nächstes Mal vorher Bescheid.« Dann nimmt sie Anna-Baby auf den Arm, obwohl sie sich in der schönen Wäschekorb-Krippe richtig wohlgefühlt hat, und geht mit ihr in die Küche.

»Puh, das war knapp«, seufzt Bruno.

»Vielleicht nehmen wir ab jetzt doch lieber meine alte Babypuppe als Jesuskind«, kichert Ella, was alle für die beste Idee halten.

Dann spielen sie alles noch einmal von vorne bis hinten durch, bis Lilly als kein bisschen mehr brummiger Weihnachtsengel die frohe Botschaft verkündet: »In Betlehem ist ein Kind geboren. Ihr findet es in Windeln gewickelt in einer Krippe mit Stroh.«

Knecht Ruprecht ist gar nicht so

In der Schule hat die Lehrerin heute Lennarts Namen für den Adventskalender gezogen. Eigentlich wollte Lennart lieber am Vierundzwanzigsten gezogen werden, um das größte Päckchen zu bekommen. Aber dann war er doch zufrieden.

»Hab ich ein Glück«, tönt er. »Sonst hätte ich an Heilig Abend extra in die Schule gemusst!«

Leider ist das Päckchen das kleinste von allen, es steckt bloß eine Karte drin. Eine Karte, die Lennart, Malte und Bruno nur zu gut kennen: sie ist von Ruperts Weihnachtsbaumverkauf. Doch diesmal steht nicht *Gutschein für eine Tasse Glühwein* darauf, sondern *Gutschein für einen Weihnachtsbaum.*

»Au Backe«, stöhnt Malte mitleidig, weil Lennart jetzt wohl oder übel noch mal zu Rupert muss, wenn er sein Geschenk abholen will.

»Das wird nicht lustig«, sagt Bruno, der seit der unheimlichen Begegnung damals einen Bogen um Ruperts Weihnachtsbaumverkauf macht.

»Aber ein geschenkter Weihnachtsbaum ist es wert«, ermutigt Malte ihn.

»Augen zu und durch«, rät Bruno und ist heilfroh, dass Lennart und nicht er den Gutschein bekommen hat.

Breit grinsend sieht Lennart die beiden an. »Kein Problem, wir gehen zu dritt!«, verkündet er.

Und da sieht man mal wieder, wie gut beste Freunde sind. Wobei Malte und Bruno in diesem Fall lieber nur zweitbeste Freunde wären.

Nach der Schule machen sie sich auf den Weg. Malte hat ein bisschen Bauchweh, auch wenn Lennart mit Rupert reden muss und nicht er.

»Cool, ich bekomme einen eigenen Weihnachtsbaum!«, kräht Lennart, um sich Mut zu machen. Vor ein paar Tagen haben sie nämlich erst einen Weihnachtsbaum gekauft, der jetzt auf der Terrasse steht, damit er in der warmen Wohnung nicht gleich alle Nadeln verliert. Jetzt haben sie dieses Jahr zwei. »Ob ich mir einen aussuchen darf?«

Bruno zuckt mit den Schultern. »Das weiß man bei Gewinnen nie«, sagt er, dabei hat er selbst noch nie etwas gewonnen, höchstens beim Kindergeburtstag.

Lennart zieht den Gutschein aus der Hosentasche. »Hier steht jedenfalls nicht: Gutschein für einen *kleinen* Weihnachtsbaum.«

»Vielleicht kriegst du einen mittelgroßen«, überlegt Malte, weil ein Kind bestimmt nicht den allergrößten Baum bekommt, schon gar nicht geschenkt, denn der ist mindestens fünfzig Euro wert.

»Also wir können locker einen großen tragen«, prahlt Bruno und zeigt seine Muskeln, die unter den gefütterten Jackenärmeln kaum zu ahnen sind.

»Am Ende hab ich doch das größte Adventskalenderpäckchen von allen«, freut sich Lennart.

Je näher sie dem Weihnachtsbaumverkauf kommen, desto stiller und langsamer werden Lennart, Malte und Bruno. Sie haben Rupert längst entdeckt. Er trägt wieder den verbeulten Schlapphut und schiebt gerade einen Baum durch den großen Blechtrichter, um ihn in ein Netz zu verpacken.

Lennart nimmt seinen ganzen Mut zusammen und geht auf Rupert zu. »Hallo, ich habe einen Gutschein für einen Weihnachtsbaum«, sagt Lennart zögernd und zeigt seine Karte.

Rupert sieht Lennart und die Karte über seinen struppigen Bart hinweg an. »Glückwunsch«, brummt Rupert und nickt in Richtung der Bäume. »Such dir einen schönen aus.«

Da drängelt sich Bruno vor und sagt, dass er und Malte extra mitgekommen sind, um beim Aussuchen zu helfen. Ruperts Mund verzieht sich mitsamt dem Bart zu einem Lächeln und er winkt die beiden näher. Zu dritt suchen sie den schönsten Baum von allen aus. Den größten zu nehmen, traut Lennart sich zwar nicht, aber einen mittelgroßen.

»Eine gute Wahl«, lobt Rupert. Er packt den Baum in ein Netz und am Ende bekommen sogar Malte und Bruno von ihm zwei Minibäumchen geschenkt. »Ihr sollt auch nicht leer ausgehen«, sagt er und dann muss er sich auch schon um den nächsten Kunden kümmern.

Mit klopfenden Herzen grinsen sich Lennart, Malte und Bruno erleichtert an, dann zählt Lennart bis drei und sie heben den Baum hoch. Lennart an der Spitze, Bruno in der Mitte und Malte am Ende. Was ein ordentliches Hallo gibt, als drei Jungs im Entenmarsch einen mittelgroßen Weihnachtsbaum und zwei Minibäumchen durch die Stadt nach Hause tragen.

Vor dem Haus wartet Bilal mit seinem gelben Postauto.

»Post für die Kinder vom Holunderweg 7!«, ruft Bilal, als er die Jungs entdeckt.

Und weil vor Weihnachten jeder auf den Postboten wartet, flitzen auch schon Ida und Ella aus dem Haus und kurz darauf trippelt Lilly hinterher. Schließlich kann es immer sein, dass man ein Päckchen oder einen Brief bekommt.

»Post vom Weihnachtsmann persönlich«, verkündet Bilal geheimnisvoll. Er kann die Briefe gar nicht so schnell verteilen, wie sie ihm aus den Händen gerissen und geöffnet werden.

Eine Zeit lang ist es mucksmäuschenstill, bis Malte glücklich ruft: »Er schreibt, dass er mitten in den Vorbereitungen steckt und den Schlitten noch reparieren muss.«

»Der Brief ist ja nur gedruckt!«, mault Bruno enttäuscht.

»War mir klar, dass da was faul dran ist«, meint Lennart.

»Was habt ihr denn gedacht?«, gluckst Ella. »Dass er jeden Brief von Hand schreibt?«

»Es stehen jedenfalls unsere Namen drauf«, sagt Ida, weil sie sich die schöne Stimmung nicht vermiesen lassen will.

Aber Lilly weiß es ganz genau. »Ihr Dummis!«, kräht sie los. »Der Weihnachtsmann hat so viel zu tun, da braucht er natürlich einen Computer. Sonst wird er doch nie fertig.«

Was hundertprozentig wahr ist. Manchmal verstehen Vierjährige eben von Weihnachtsdingen am allermeisten.

Endlich Heilig Abend!

Der Dezember ist wirklich der längste Monat. Nicht, weil er die meisten Tage hat, sondern weil es ewig dauert, bis endlich Weihnachten ist. Und der 24. Dezember ist überhaupt der allerlängste Tag im Jahr. Wie gut, dass es immer noch so viel zu tun gibt.

Morgens herrscht erst mal ein Riesendurcheinander im Holunderweg 7, dass sogar niemand merkt, wie schön die Barbarazweige über Nacht aufgeblüht sind.

Zuerst findet nämlich Bruno die Geschenke für seine Eltern nicht mehr, weil er sie zu gut versteckt hat, und er muss (als wäre Ostern) in seinem ganzen Zimmer danach suchen.

Dann reicht bei Familie Rosenbaum der Platz nicht für zwei Weihnachtsbäume, denn nun haben sie ja zusätzlich auch noch Lennarts Tannenbaum in der Wohnung.

Und bei der geheimen Generalprobe des Krippenspiels entdeckt Malte, dass sein Ochsenkostüm einen Riss hat. Natürlich kann er seine Mama nicht nach Nähzeug fragen, sonst müsste er ja verraten, worum es geht.

Deshalb flitzen Malte, Lennart, Bruno, Ida, Ella und Lilly in all dem Kuddelmuddel schnell zu Frau Bayer ins Haus gegenüber, um sich Nähzeug zu borgen.

»Natürlich hab ich Nadel und Faden für euch«, sagt Frau Bayer und kramt beides aus einer Schublade. Der Faden hat sogar genau die richtige Farbe und kurz darauf ist von dem Riss keine Spur mehr zu sehen.

Als sie sich verabschieden und sich frohe Weihnachten wünschen (schließlich müssen sie das Krippenspiel noch ein allerletztes Mal proben), erzählt Frau Bayer, dass ihr Sohn heute Abend leider arbeiten muss und sie doch nicht besuchen kann.

»Dann kommst du einfach zu uns!«, sagen alle wie aus einem Mund, denn an Weihnachten soll niemand alleine sein.

»Wie lieb von euch«, sagt Frau Bayer überwältigt. »Drei Einladungen, da hab ich heute Abend volles Programm.«

Vor dem Haus treffen sie Nina Süßmilch, die eben mit Tüten bepackt aus ihrem Auto steigt.

»Stellt euch vor, wir haben keinen Weihnachtsbaum mehr bekommen«, erzählt sie verzweifelt. »Alle ausverkauft.«

Klein-Olli scheint es noch nicht begriffen zu haben, er hält einen Karton Weihnachtskugeln in den Händen und brabbelt fröhlich vor sich hin.

»Null Problemo«, behauptet Lennart, winkt Bruno und Malte zu sich und eine Minute später schleppen die drei Lennarts Weihnachtsbaum zu Nina und Klein-Olli in den zweiten Stock.

»Das kann ich doch nicht annehmen«, sagt Nina.

»Klar«, sagt Lennart grinsend. »Der ist nämlich von Knecht Ruprecht persönlich.«

Auch wenn Nina keine Ahnung hat, was Lennart meint,

ist sie heilfroh. »Ihr seid richtige Engel«, freut sie sich. »Unser Weihnachten ist gerettet.«

In diesem Moment gibt es einen Rums und der Karton mit den Weihnachtskugeln liegt auf dem Boden.

»Alle putt«, murmelt Klein-Olli verwundert.

»Jetzt haben wir einen Baum, aber keinen Schmuck«, seufzt Nina, doch dann fallen ihr Klein-Ollis Wäscheklammern vom Nikolaus ein. »Wir schneiden Flügel aus Goldpapier, kleben sie auf die Klammern und klipsen die fertigen Engel an die Äste«, erklärt sie. Was wirklich eine schöne Idee ist. Wer hätte gedacht, dass Klein-Ollis Klammern an Weihnachten noch die Rettung sind.

Pünktlich um halb fünf treffen sich die Bewohner vom Holunderweg 7 an der festlich beleuchteten Tanne vor dem Haus. Das ist Tradition. Herr Kuse hat ein Feuer gemacht, damit auch allen warm ist. Es gibt Punsch und jeder bringt seine letzten Plätzchenvorräte mit.

Sogar Herr Schlussnuss ist gekommen. »Aber nur fünf Minuten«, beteuert er. »Ich bekomme heute Gäste.«

Herr Kuse nickt und erzählt, dass er auch Besuch erwartet. »Mein Bruder kommt für ein paar Tage.«

Oma und Opa Sonntag und Oma und Opa Rosenbaum sind auch da. Nur Tante Tanne ist diesmal nicht dabei, sie ist mit Karl-Ove nach Norwegen gefahren. Aber sie hat versprochen, dass sie ein Selfie mit dem Weihnachtsmann, dem *Julenisse*, macht, falls sie ihn trifft.

Gerade als Herr Carducci fragt: »Wo sind eigentlich die Kinder?«, marschieren Maria, Josef, ein Esel, ein Ochse, ein Hirte mit Plüschschaf und ein Engel aus dem Haus.

Es wird sofort mucksmäuschenstill, weil niemand mit der schönen Weihnachtsüberraschung gerechnet hat. Sogar Lilly hat dichtgehalten und nichts verraten.

»Wir suchen eine Herberge für die Nacht«, sagt Josef, also Lennart, mit tiefer Stimme.

»Am besten, wir übernachten im Stall«, sagt Maria und zeigt auf den Fahrradschuppen, der heute als Stall herhalten muss. Dass dort schon die ganze Zeit ein Wäschekorb mit Stroh steht, hat keiner der Erwachsenen gemerkt.

Nachdem Maria, also Ella, ihre Babypuppe in die Krippe legt und Ida im Hirtenmantel vor ihnen kniet, stolziert der Lilly-

Engel im weißen Kleid hinter der Tanne hervor und verkündet: »In Betlehem ist ein Kindlein geboren. Ihr findet es in Windeln gewickelt in einer Krippe mit Stroh.«

Da fühlen sich alle sehr weihnachtlich, denn genauso muss es damals im Stall gewesen sein.

Danach machen sie sich auf den Weg in die Kirche. Ida, Ella, Malte, Bruno, Lennart, Lilly, Anna-Baby, alle Eltern und Großeltern und Nina Süßmilch mit Klein-Olli. Die Glocken klingen ihnen durch die frostklare Nacht entgegen und die Lichterdekorationen in den Straßen und an den Häusern strahlen fast noch mehr als in den vergangenen vier Wochen. Von allen Seiten strömen fröhlich schwatzende Menschen zur Kirche und die Erwachsenen sind mindestens genauso aufgeregt wie die Kinder.

Und wer weiß, im Holunderweg 7 ist vielleicht gerade in diesem Moment der Weihnachtsmann dabei, seine Geschenke in den Wohnzimmern unter den Weihnachtsbäumen zu verteilen. Denn jetzt ist endlich, endlich Heilig Abend!

Baumbach, Martina
Die schönsten Geschichten aus dem Holunderweg
ISBN 978 3 522 30596 9

Gesamtgestaltung: Verena Körting
Einbandtypografie: Michael Kimmerle
Innentypografie: Tanja Haaf
Reproduktion: HKS-artmedia GmbH, Ostfildern-Kemnat
Druck und Bindung: Livonia Print, Riga

FSC www.fsc.org MIX Papier aus verantwortungsvollen Quellen FSC® C002795

2. Auflage 2022

Der vorliegende Sammelband beinhaltet (teils bearbeitete) Geschichten aus den Bänden »Frühling im Holunderweg«, »Sommer im Holunderweg«, »Ferienzeit im Holunderweg«, »Herbst im Holunderweg« und »Advent im Holunderweg«